图解服务的细节
111

"新零售战略与大趋势"系列

スーパーマーケットの新常識

超市新常识1
有效的营销创新

[日]水元仁志 著
杨陈 译

人民东方出版传媒
People's Oriental Publishing & Media

東方出版社
The Oriental Press

总序 / 001

中文版序言 / 007

前言 信任并坚持！必然会畅销！/ 011

第1章
"思维方式"决定一切
——观点一转变，方法无限多

越是人才扎堆的企业，越容易陷入"困境"的理由 / 021

"不便宜就没人买"已成过去式 / 024

所谓"'少子高龄化'及'人口负增长时代的到来'
　　将引发消费低迷"的说法不正确 / 027

"商家应针对'团块世代'进行营销"，是悖论 / 029

只有"价值诉求型"和"价格诉求型"这两种业态
　　能存活下来 / 034

所谓的"消费者可自由支配的支出将会逐渐减少"
　　是一伪命题 / 037

根本不存在能捕捉"消费者需求"的天才 / 040

若能贴合"家庭消费的需求"而展开促销的话…… / 042

仅靠"品种齐全"与"价廉",难以抗衡大超市 / 044

"负责人的思维方式"成为阻碍业绩上升的壁垒 / 047

第 2 章
与"行业常识"背道而驰
——一经打破"固有观念","畅销商品"层出不穷

顾客买的是附着在"商品"上的"价值" / 053

夏季热卖的"日式年糕",畅销的"2850 日元的
　烤鸡肉串套装" / 055

女儿节时"售价 350 日元"的草莓蛋糕热卖的理由 / 058

分析 POS 数据,不单是为寻找"滞销品" / 061

借助 POS 数据"找到畅销品" / 063

左手 POS 数据,右手备忘录 / 065

实现"降低损耗率 3%"后发生的事情 / 068

你没有真正理解熟食的销量提升法则 / 070

必须让所有人都理解"是哪些商品造成了不良库存" / 073

培养"提高消化率"的习惯及文化 / 075

提高"售罄力"的三种方法 / 077

在生鲜及日配商品的损耗中,还存在一种"看不见的损耗" / 079

只要是有可能畅销的商品就要全力去卖！/ 082

颠覆顾客的旧常识，才能现商机 / 085

第 3 章
实现"可视化"的秘诀
——打造"鲜度""品质""美味"
"应季""品类"的"差异化"

品类上"差异"的可视化 / 091

鲜度上"差异"的可视化 / 094

品质/美味上"差异"的可视化 / 099

强化"故事营销"，才能提高门店的经营力与商品力 / 104

明天就能用上的"傍晚二次开店"，打造"差异"可视化上

    效果显著 / 110

可谓一举两得！"现场演示"还有优化操作流程的新功效 / 116

"这是和自己同样土生土长的农产品啊"，因此油然而生的

    安心感 / 119

"地产地销"，应实现"情感纽带"的可视化 / 122

靠业态理论就能赢的时代已经终结 / 124

不能依赖"低价"上"差异"的可视化 / 126

专栏 1　今后超市必须关注"招聘市场"/ 129

第 4 章
实现"大变身"的门店与企业
——实现"卓越"的超市

打造"Outstanding 卓越",您用哪般武器?／137

第一步"先效仿",第二步"提标准"／139

成功案例 1

以"故事营销"策略,跻身卓越门店

　　山田商店(兵库县揖保郡)／143

不靠价格反击战,照样提升销售额／143

附加价值越高,商品越畅销／147

成功案例 2

以"百日元均一"的营销策略,成就卓越

　　MARUEI 超市(东京都新宿区)／150

周一竟然能达到客流量 6000 人,销售额 800 万日元的

　　好业绩／150

"其他店绝卖不出低价"的商品,仅售 100 日元／153

成功案例 3

凭借"商品力"+"销售力",跻身卓越企业

　　ICHIYAMA MART(山梨县甲府市)／156

把 PB 商品培育成畅销品的"销售力"／156

"为什么特意为 PB 商品做电视广告？"／159

成功案例 4

以"追求高品质"的商品策略，造就卓越门店

　　SUNSHINE CHAIN（高知县高知市）／161

"叶菜限时 3 小时""刺身限时 5 小时"的"时间限定

　　销售"／161

门店、创意、商品三合一的再建／163

成功案例 5

凭借 4 个方面的"可视化"，打造卓越门店

　　文化堂丰洲店（东京都江东区）／168

在"商品力"之外，展现绝对优势的"差异化"／168

采用 3-3-3 的原则，对"营销"进行可视化／170

成功案例 6

以"节日促销活动"成为卓越店铺

　　NICHIE（广岛县福山市）／172

售价超过 500 日元的惠方卷寿司，单店销量竟然达到 200 个／172

门店的品格若能提升，即便平日，美味商品也能畅销／174

成功的关键因素不在于"能力"，而是"思维方式"／177

专栏 2　临时工的招聘方法应顺势而变／179

V

第 5 章
各部门"营销方式"的新常识
——同样的商品,同样的陈列,同样的营销,必然难赢利

水果部门

新常识 1　实现"味道"的可视化 / 187

新常识 2　"试吃比较"和"故事 POP" / 190

新常识 3　"现场演示销售"是"超级走量单品"的撒手锏 / 193

蔬菜部门

新常识 1　蔬菜的 4 大"特色" / 195

新常识 2　提高"超级鲜度"的标准 / 197

新常识 3　用蔬菜的"甘甜"回馈社会 / 200

新常识 4　"美味"可提升门店的"品格" / 201

新常识 5　"应季销售"要开展两次! / 202

精肉部门

新常识 1　激活卖场,消除顾客心中的各种"不" / 204

新常识 2　向顾客展示"鲜度"上的差异化 / 207

新常识 3　改变思路,打造商品化! / 209

新常识 4　相比过去的"实惠感",已进入"分量感"的时代 / 210

目录

新常识 5　少子高龄化时代的明星部门 / 212

水产部门

新常识 1　打造"鲜度"的可视化 / 213

新常识 2　彻底缩短咸鱼干的销售期限 / 215

新常识 3　"港口直送"的活动策划只为打造"超级鲜度"/ 216

新常识 4　打造"品质/美味"的可视化 / 218

新常识 5　打造"应季"的可视化 / 220

新常识 6　打造"走量销售"的可视化 / 222

新常识 7　"食文化"正在被重塑 / 224

熟食部门

新常识 1　从"家常熟食"到"精致美食"的转变 / 225

新常识 2　油炸类商品的精致化 / 227

新常识 3　烧烤类商品的精致化 / 228

新常识 4　沙拉类商品的精致化 / 229

新常识 5　西式菜的精致化 / 230

新常识 6　便当类商品的精致化 / 231

新常识 7　对应"感性消费"的时代 / 233

新常识 8　"跳脱常识"是激活门店的引爆剂 / 235

食品杂货部门 & 日配部门

新常识 1　颠覆顾客的常识 / 238

VII

新常识2 "故事"式营销,才是真正的技术力 / 242
新常识3 商品从"广度"到"深度"的转换 / 243

后记 唯有变通,才能存活 / 247

总 序

1953年，日本第一家自助式服务超市开始营业。

此后，从1970年到1990年，日本迎来了"高速成长期"，衣食住等各类商品一应俱全的综合超市（general merchandising store）实现了飞速发展。

然而，自1980年持续至1991年的"泡沫经济"破灭后，日本经济开始陷入低迷，与综合超市相比，连锁专卖店逐渐赢得了民众的支持，日本零售业的势力版图彻底发生了改变。

从20世纪80年代开始，24小时营业的便利店也迅速发展，并演变为一种改变日本人生活习惯的零售业态。

与此同时，超市也抓住了高速成长期的机遇，龙头企业遍布日本各地。

但在经历了2008年的"雷曼事件"之后，日本经济陷入严重衰退，价格竞争愈演愈烈。

"充满血腥的厮杀"席卷了整个行业。

正当大家竭力尝试摆脱这场"充满血腥的厮杀"时……

2008年，《超市新常识1：有效的营销创新》一书开始销售。

这本书基于具体事例，以浅显易懂的方式阐述了如何从"充满血腥的厮杀"中脱身，一经问世便大受全日本零售行业人士的青睐，掀起了畅销热潮。

据说这本书甚至改变了"日本超市的历史"……

《超市的蓝海战略：创造良性赢利模式》于 2009 年开始发售。

正值日本进入"人口减少、少子高龄化"的严峻时代，这本书作为介绍"低价格"以外的"差异化竞争"方法的"战略书籍"，面对人口持续下降的"少子高龄化"时代危机，在读者忠实践行本书的创意和策略的基础上，帮助日本各地的零售业经营者构筑起全新的超市业态。

之后，日本与美国一样，除了超市之外，药妆店也开始经营食品，成为超市行业新的竞争对手。

而此时，从根本上改变现有的"采购""物流""销售"等整体"机制"的时机已经成熟……

《超市未来生存之道：为顾客提供新价值》一书应运而生。

除了店铺运营、销售方法之外，本书还对采购（供应）、物流等看不见的环节进行了深度解读，作为创造了日本零售业新价值的书籍而广受关注。

然后，时间来到了"2011 年 3 月 11 日"。

日本发生了"东日本大地震"。

受此次灾害的影响，日本人的生活方式和价值观念发生了极大的变化。

与此同时,"发挥女性力量""女性进入社会"等呼声也在日本此起彼伏。对于零售业而言,"新战略"同样迫在眉睫。

当时,日本很多企业都将《超市新常识2:激发顾客共鸣》奉为"圣经"。

这本书围绕企业要如何应对全新的社会秩序进行了具体阐释,获得了读者的压倒性支持。

而到了现在……

日本的零售业即将迎来"百年一遇的大变革期"。

迈入这个时代,过去的"常识"已经完全行不通了。

怎样应对"AI化"及"网上超市"等电子商务的发展?

如何面对"SDGs"或"可持续发展"的时代要求?

对于"少子高龄化"造成的人才短缺应采取何种对策……

在这个前所未有的时代即将来临之际,我们需要一本"指南"……

那便是《如何规划超市未来》。

与日本一样,中国未来或许也要面临经济方面出现的各种变化。

如此一来,零售业也必须做出改变。

在不久的将来,中国也可能出现"人口下降""少子高龄化"等问题。

为此也需未雨绸缪。

相比于中国，日本已然经历了这些变化，并积累了一定的经验。

对于中国零售业的诸多从业者而言，现在可谓是学习日本的"应对变化"经验的关键时期。

零售业本就是"不断应对变化的行业"。

必须顺应时代的变化，持续改变战略或战术。而"知识与智慧"是改变的必备条件。

笔者坚信，在时代的变迁中，被日本零售行业人士奉为"圣经"的上述五本书，定能让大家掌握所需的"知识与智慧"。

若按照笔者介绍的顺序阅读本套书籍，想必大家便能全面把握"时代所发生的变化及应采取怎样的策略"。

衷心希望这套日本零售行业人士眼中的"圣经"也能成为中国零售业的"经典"。

希望大家能按顺序阅读这五本书。

在此深表谢意。

水元仁志

中文版序言

2008年的"雷曼冲击"引发了金融海啸,日本的超市行业因此深陷困境。

"恶性低价竞争"充斥着整个市场。似乎只有"低价出售"才是唯一的出路。本书正是在这种背景下应运而生。

"故事营销、故事POP"

"现场销售"

"超新鲜度""提高标准"

"MD矩阵"

"傍晚二次开店"

"现场演示"

诸如此类,本书提出了不少日本超市行业过去从未有过的创意。

本书出版之后,一直在"价格竞争"中挣扎的日本开始涌现出"价值诉求""高品质超市"等许多新型超市业态。

本书一度成为引发"日本超市行业"改革的契机。

甚至可以说,现在大家所看到的日本超市,便是通过本书成功脱胎换骨的。

中国现在也处于"超市行业的创始期"。

超市是"区域生命线",是生活中不可或缺的重要场所。

因此,超市经营才有必要学习价格(便宜)以外的策略或战术。

日本和中国虽然国情不同,但在商业思维方式上应该是一致的。

本书所写的内容是"基础的基础",均为读完后立即就能予以实践的策略。

"低价是'必要的',但不是'绝对的'。"

这是笔者经常对客户说的话。

另外,笔者也时常提醒客户,"只有具备雄厚资本的企业才能依靠低价最终获胜。"

学习"低价出售"以外的策略,其实与学习如何实现企业的"差异化"是息息相关的。

不仅如此,笔者相信这还关系到与"电子商务"之间的差异化。

"电子商务"拥有"方便"和"便宜"两大优势,但缺乏实际购物活动的"体验价值"。

相比之下,实体店可以创造出这种购物带来的"体验价值"。

"体验价值"具体是指购物时收获的快乐、美味、笑容……

本书所介绍的正是能够实现购物的"体验价值"最大化的策略。

这些策略无需资金也可执行……

机制不完善也能做到……

这是一本促使日本的超市行业发生巨大变革的书。是当之无愧的"超市新常识"。

期望本书也能在中国的超市行业掀起改革的浪潮。

不同国家的"产品"确实存在差异。

不过，在"经营理念"或"销售策略"方面却没有国别之分，应该是世界通用的。

希望读者们能通过本书学会超市的"经营理念"和"销售策略"。

在日本，大约7成的超市从业人员都阅读过本书。

它也是迄今为止日本超市行业相关书籍中最畅销的一本书。

为何本书能引发如此大的反响呢？

因为能立即学以致用……

因为效果立竿见影……

因为能迅速转变为自身的经验诀窍……

这便是原因所在。

作为日本超市行业最畅销的书籍，想必本书也一定能改变中国的超市行业，使之不断发展壮大。

衷心希望本书能够有所贡献。

信任并坚持!
必然会畅销!

"快速变化的时代背景下,挖掘商机的真正秘诀,就是发自内心地拥抱变化。"

(戴尔电脑创始人　迈克尔·戴尔)

"门店的销售额同比增长达到138%。"

"门店的销售额连续3年实现2位数的增长。"

"已连续5年与前一年同月比保持正增长。"

根据2007年日本连锁店协会发布的数据,日本超市行业已经"连续11年,销售额同比出现负增长"。在如此严峻的市场环境下,本人所指导的众多超市企业中,能保持逆势生长,且取得上述"优异成绩"的企业却是数不胜数。

究其原因,不过是思维方式上,与普通企业存有一层纸的距离,仅此而已。

而这所谓的一层纸的距离,最终体现出来的结果却是天地悬隔。在其他企业看来,是坏结果,对当事者来说,却是喜出望外的好成绩。

可实际上,真正出现这样好的成绩,也仅是从四年前才开始的。

在这之前,我不过是一个名不见经传的咨询顾问,咨询业绩也只能用"自惭形秽"来形容。

"自信心""自豪感""谈理论""讲道理"

在1992年,我参加了日本国内唯一承认的"中小企业诊断师"(商业部门)的资格认定考试,并十分侥幸地"一次性通过"。

顺便提一下,据官方统计,每年仅有不足4%的考生能"一次性通过"考试。说来有些奇怪,对我而言,考试能如此之顺,颇有些近似"奇迹"。

然而,随后的咨询之路并非一帆风顺。

我自认为,已经熟练掌握了流通行业的经营战略、财务管理、劳务人事、商品营销等所有方面的经营技能与知识。

这种盲目的"自信心"及"自豪感",导致我在从事咨询工作的过程中,只会照本宣科,"谈理论""讲道理"。

结果,自1998年我独立创业并成为咨询顾问以来,未曾创下任何宏伟战绩。在平平淡淡中,不知不觉度过了三四年的时间。

而正是在那个时候,在我为一家超市企业进行咨询指导之际,超市的收银主管对我说了这样一番话:

"老师所传授的这些知识,感觉都是只从'卖方'的角度考虑。

"而对门店而言,首先要赢取顾客的支持才可能生存下去,难道不是这样的道理吗?

前言 | 信任并坚持！必然会畅销！

"恕我直言，我认为老师所讲的内容不对。

"如按照老师的指导内容实施下去，恐怕我们公司的业绩不会有所好转。"

客户的这番话，道出了"理所当然的道理"。

然而，对于那些首先只强调所谓"理论"和"道理"的咨询顾问而言，恰恰很难真正理解这些本是"理所当然的道理"。

客户这番话，犹如"当头一棒"，让我顿然醒悟。

也是从那一刻起，我的指导方法发生了180度的转变。

这之前咨询服务所用的指导资料，统统被我扔进了垃圾箱。

从此重新开始。

可是，超市商家若想从"顾客的角度"打造门店，究竟怎样做才能实现呢？

为了找寻答案，我开始了走遍全国的求真之旅。

在长途跋涉的考察调研过程中，我走访的门店可谓数不胜数。

除了把超市作为考察的必看对象，只要是当地有名的"人气旺铺"，无论是专卖店，还是餐饮店，不分行业与业态，我统统都会进店考察一番。

在这一过程中，我总会反复自问。

那就是："旺铺与淡铺间的差异到底在哪里？"

"为什么只有这家店会做到如此人气爆棚？"

就这样，我刨根问底般地找寻着差异的根源所在，任何微小的细节也绝不放过……

被终止的顾问合同

调研的结果很出乎意料。

也就是说，无论是哪种行业与业态，旺铺与淡铺的差异部分，都意外地存在着诸多共通之处。

于是，我将这些差异部分，进行了系统性的归纳与总结，并由此开创了一套全新的管理咨询理论。

当然，我也因为新理论的推行而遭受了沉重打击。

原因在于，新理论与之前的内容相比，形成了180度的大转变，而前后言论的不同，导致失去了一些客户的信任。当时几家企业纷纷解除了与我的顾问合同。

但是，令我欣慰的是，即便在这样的情况下，依然有不少企业选择信任我并跟随我，我也因此收获了本书开篇所提到的"好成绩"。

本书所阐述的内容，主要面向超市行业，旨在传授"门店营销"的各种"新常识"。

而且，书中所传授的方法，绝非照本宣科式的空洞理论。

它们是我在5年的实际咨询工作中，通过大量实践总结出的经验成果。

虽然，商品本身存在地域性差异，但在营销方法上没有地域之分。

因此，希望大家不仅充分理解书中所介绍的思维方法，还要按同样的方法，在卖场中不断加以运用。我坚信，在您的卖场中，商品一定会畅销！

请相信，并持之以恒地坚持下去！

在当今竞争激烈的商业环境下，我经常会听到商家发出这样的感慨：

"竞争店的出现，让我们的商品越来越难卖。"

"价格明明已经很便宜，却还是没有顾客愿意来买。本希望能靠低价促销来提高销售额，却因客单价的下降，造成销售额不升反降的困境。"

本书所传授的技巧，正适用于当今的"寒冬时代"，而且能达到"90%以上的成功概率"。

因此，敬请各位认真领会书中内容。在阅读中，也许您会产生各种疑惑，诸如"不对吧？""真的吗？"等类似想法。

但是，我在这里真诚地希望大家能暂时放下头脑中的"固有观念"，用心去品读书中所介绍的各种理论。

这就是超市"门店营销"的"新常识"。

那么，请大家跟随我开启新的"思维方式"，并开始行动吧！

第 1 章

"思维方式"决定一切

——观点一转变,方法无限多

"Be daring, Be first, Be different."
(无所畏惧，敢为人先，与众不同。)

(麦当劳创始人　雷·克拉克)

越是人才扎堆的企业，越容易陷入"困境"的理由

我无比尊敬的京瓷公司名誉会长稻盛和夫先生，经常会强调这样一句名言。

那就是，所谓成功，等于"思维方式×热情×能力"。

在这个成功方程式中，虽然"热情"和"能力"这两项，可用0分到100分来表示，但是"思维方式"可用-100分到+100分来衡量。

换句话说，"热情"和"能力"方面的最低数值不过是"0"，"思维方式"的最低数值却能达到"-100"。

借助上面的成功方程式的计算式，请大家参考图表1，分析一下哪家公司最易陷入困境。

按通常思维考虑的话，由于A公司不仅优秀人才众多，工作热情也高，在三家公司中，成绩必然是绝对领先。

但是，如果经营者的思维方式错误，会导致工作热情越高、优秀人才越多，A公司反而越容易陷入"困境"。

比如说，作为日本零售行业最具代表性的两大巨头，大荣公司（DAIEI）和MYCAL公司，这两家企业可以说是人才济

济。很多跳槽到其他企业,并取得辉煌战绩的优秀经营者,都是出自这两家巨头企业。这一现象也从侧面证明了,这两家企业可谓是精英荟萃,人才众多。

然而,两家巨头的经营者存在思维方式上的错误,导致了企业衰败的命运。①

由此可见,经营者的"思维方式"至关重要。

可现实情况是,今天依然有很多超市企业的"思维方式",还停留并拘泥于那些陈旧过时的行业常识。

由于经营者们过分地信奉那些所谓的"行业常识",如今这些企业都陷入了业绩增长难的困境中。

比如说,

① "中央集权型总部"(总部管控门店的运营)才是正确的运营方式。

② "系统化管理"能提高企业的运营能力。

③ 由"总部主导"MD(营销企划)、运营管理,才是最佳方式。

④ 只要进行"POS数据分析",就能提高收益。

⑤ 不设置"低价",商品就卖不出去。

⑥ "新鲜又便宜"的商品,不用宣传照样卖得好。

---

① 日本大荣公司由于只注重规模不重视利润,2005年被日本国有再生机构接管,而日本MYCAL公司由于经营不善,2003年被永旺集团合并。

图表1 思维方式决定一切

哪家公司最易陷入困境?

- 拥有众多本科毕业的优秀人才。
- 员工的工作热情高。
- 但是,经营者常沉浸在"自己过去的成功体验中"。

 A公司=(思维方式)▲70×(热情)75×(能力)80
=▲420,000

- 员工的能力水平不太高。
- 员工的工作热情高。
- 可经营者经常沉浸在"自己过去的成功体验中"。

× B公司=(思维方式)▲30×(热情)80×(能力)20
=▲48,000

- 员工的能力水平不太高。
- 公司员工的工作热情不太高。
- 但经营者具有"前瞻性"。

○ C公司=(思维方式)30×(热情)30×(能力)20
=18,000

(注:▲表示负数)

⑦ 只要派发"海报传单",就能起到集客效应。

以上介绍的都是所谓"行业常识"。

然而,在今天这样日新月异的时代,想提高您所在门店的业绩时,如果还沿用这些老套的"行业常识",就要被打上大大的"×"了。

"不便宜就没人买"已成过去式

2007年的数据显示,超市和百货店行业的年销售总额,同比减少了2200亿日元。

"2200亿日元"的销售额,这一数字对食品零售业而言,相当于一家排名20位左右的企业一年的销售总额,也就是说一年的销售额彻底消失了。

那么,"消失的2200亿日元"究竟去了哪里呢?

当然,这些钱可能被消化在各个行业中。但大家是否知晓,在这些行业中,存在着一个今后很有可能与超市、百货店展开"竞争"的巨型"怪兽级"行业,那就是——

互联网行业。

其中以"网购"为代表,也就是我们常说的"一键下单、送货上门的服务"。

作为代表性的网购平台"日本乐天集团",仅在 2007 年的销售额就达到了惊人的数字,大约 4000 亿日元,与 2006 年相比增长了约 130%。

也就是说,在短短 1 年时间内,销售额就提高了 1200 亿日元。

您不觉得不可思议吗?

难免有人会提出这样的疑问,"连实物都看不到,大家就真敢放心买啊?"

的确,在超市中,展示在货架上的商品,即便摆放在消费者眼前也卖不出去,为什么消费者反而会在网上"安心"购买那些看不见的商品呢?

实际上,这里隐藏着一个可以启发我们"思维方式"的重要"线索"。

那就是,商品的"故事营销"所带来的惊人魅力。

所谓"故事营销"是指,销售商品时,附着在商品表面的"商品介绍"或"有关商品的各种信息资讯"。

而实际上,"网上购物"就是借助商品的"故事营销",来充分展示商品的魅力,成功捕获消费者心理,进而实现了销售额的爆发性增长。

如今,即便消费者看不到商品的"实物本身",只要能有效实现"信息传递",也就是"**商家及生产厂家,对商品注入的心血或商品的特色**",透过商品传达给消费者,就会激起消费者的购买意愿。

"价格不便宜就卖不出去。"

"看不到商品实物,就无法激起消费者的购买欲望。"

诸如这样的说法,俨然已经是过时的论调。

要知道,在当今这样信息发达的时代环境下,商家只要能充分展现出附着在商品上的"价值",即使消费者在网上看不到实物,依然会愿意购买。

而商品能否被购买的关键因素,在于是否成功实现商品的"故事营销"。

不知大家是否已经感受到了时代的快速变化?注意到现实情况已经……

在面向超市企业的咨询指导中,我经常会对客户强调这样的观点。

"对5年前,应该用'过去'这个词来表示;对10年前,要用'很久以前'表示;而对15年前,则要用'太古以前'来形容。"可见,我们所处的时代变化速度之快,前所未有。

如果商家依然拘泥于以往的行业常识,以及社会上普遍认可的表面化"常识",并打算继续将这些过时的内容作为"思维方式"来指导运营,我可以肯定地说,这样的商家今后绝不可能适应时代的潮流,更无法走向成功。

所以说，是时候转换新的"思维方式"了，而且越早越好。

一经转换思维方式，就会发现原来"方法（手段）"可以无穷无尽。也就是"一种思维，方法无限"。

所谓"'少子高龄化'及'人口负增长时代的到来'将引发消费低迷"的说法不正确

比如说，对于"'少子高龄化'及'人口负增长时代的到来'将引发消费低迷"这一众所周知的"常识"，本人的看法截然相反。

之所以这样否定，是由于在我看来，"少子高龄化"，将"提高家庭的平均收入"。

为此，我通过案例来详细说明。

在大家看来，目前"在日本全国范围内，家庭生活消费水平最高的城市"应是哪里呢？

答案是富山市。

根据官方数据统计，富山市的"家庭的平均月收入"可达到71万日元，日本排名第一。

在"家庭的月均总支出"中，以40万日元，位居全国第二。

在"家庭中丈夫的每月零花钱"上，以4.5万日元，位居日本榜首。

此外，"家庭的平均存款"达到596万日元，位居全国第七。

那么，为什么富山市的家庭生活水平会达到如此之高呢？

究其原因，是在富山市，大多数家庭普遍存在"家庭收入多源化"现象。

简而言之，就是"在家庭的平均总收入中，户主的收入占比偏低"。

反之，家庭中配偶及其他成员的收入占比偏高。

顺便提一下，在日本全国的家庭收入中，户主的收入占比平均可达到82%。

而在富山市这一地区，户主的收入占比仅为62%。

这是因为，富山市的女性就业率位居全国之首，达到了66%。双职工家庭的占比达到六成以上。

不仅如此，富山市中"三代同堂"的家庭比例，也超过了两成。

在这种三代人同居的家庭结构中，老人们在家中负责照顾孙子生活。

老人们在家庭育儿方面的协助，减轻了主妇们的家庭负担，使得这些主妇可放心外出工作，进而形成了夫妻双方都工作的典型的双职工家庭。

另外，老人们身体相对比较健康，可利用空闲时间在外工作贴补家用。

从结果上看，正是家庭结构的特殊性，使得富山市的家庭平均月收入位居全国榜首，达到了 71 万日元。

我认为，在"少子高龄化"社会环境下，富山市的这种现象，今后将在日本全国范围内陆续涌现。

实际上，日本政府在 2007 年 4 月，也已明确提出了，"计划将 25~44 岁已婚女性的就业率，从现在的 57% 提高到 71%"的设想。

不仅如此，据说政府今后还会出台"计划将高龄劳动者的就业率，提高十几个百分点"的相关政策。

基于以上分析，我得出这样的结论，"少子高龄化"这一社会问题，不仅不会引发消费低迷，甚至还会促进家庭收入的全面增长。

"商家应针对'团块世代'[①] 进行营销"，是悖论

诚然，日本从 2005 年开始，就已经跨入了世界上其他任何一个国家都不曾经历过的"人口减少的时代"。

---

① 团块世代指在日本 20 世纪 60 年代中期推动经济腾飞的主力，是日本经济的脊梁。专指日本在 1947 年到 1949 年之间出生的一代人，是日本二战后出现的第一次婴儿潮人口。

随后，在社会上出现了这一通用说法，也就是"人口减少必将引发消费低迷"，而在超市行业、食品行业，简直如同联手大合唱一般，也出现了类似论调。

"少子高龄化的时代背景下，不能指望年轻一代在消费上的增长。"

"反而，是人口数量庞大，即将迎来退休的'团块世代'，才是消费增长的新希望，也会成为消费市场的重要推动力量。"

"所以，商家应该积极针对'团块世代'这一代人，开展商品营销策略，要扩充小包装及健康食品的商品种类，以应对这一消费群体的需求！"

请大家参考图表2，这是日本总务省发布的"男女不同年龄段的人口数量统计"图。若仔细研究这一数据，就能理解，上述"行业大合唱"不一定正确。

其实，我在两三年前看到这份"男女不同年龄段的人口数量统计"图时，可谓是惊愕不已。

"哎呀，不对！不得了！我之前的想法完全错了！"

这是因为在研究这份资料时，我蓦然发现在图表2中出现了一个与"团块世代"，同样人口数量众多的凸起部分。

那就是"团块世代"的下一代，也就是通常所说的"团块二代"。

而"团块二代"即将步入30岁后半段~40岁的这一年

第1章 | "思维方式"决定一切

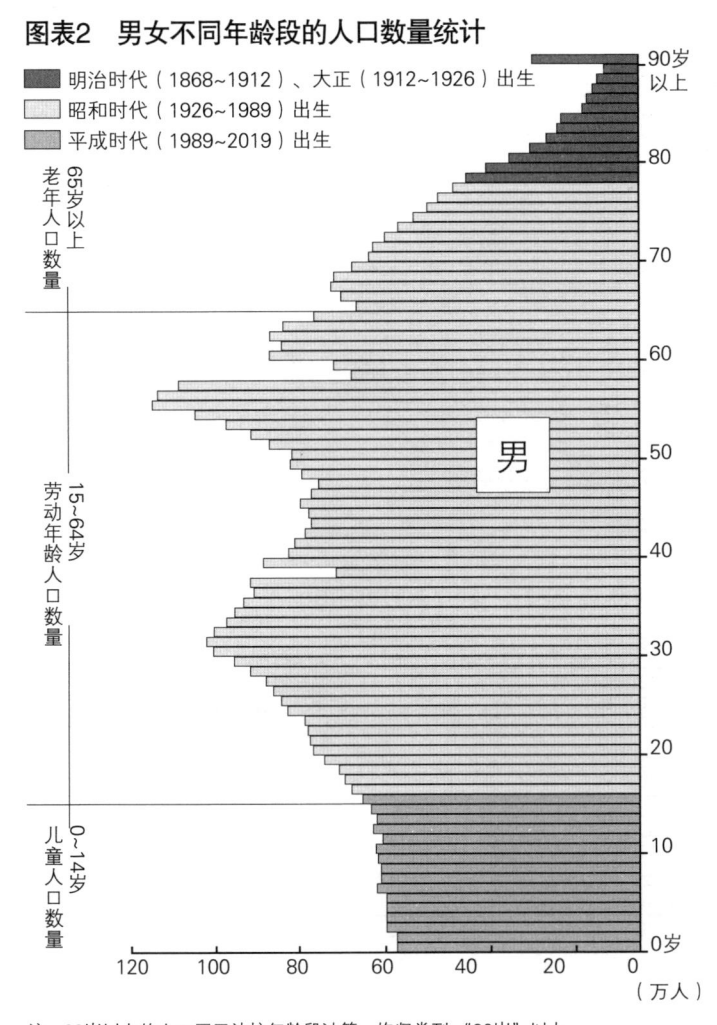

图表2　男女不同年龄段的人口数量统计

- ■ 明治时代（1868~1912）、大正（1912~1926）出生
- □ 昭和时代（1926~1989）出生
- ▨ 平成时代（1989~2019）出生

纵轴：
- 65岁以上 老年人口数量
- 15~64岁 劳动年龄人口数量
- 0~14岁 儿童人口数量

横轴：0岁 ~ 90岁以上
数量单位：（万人）

男

注：90岁以上的人口因无法按年龄段计算，均归类到"90岁"以上

031

女

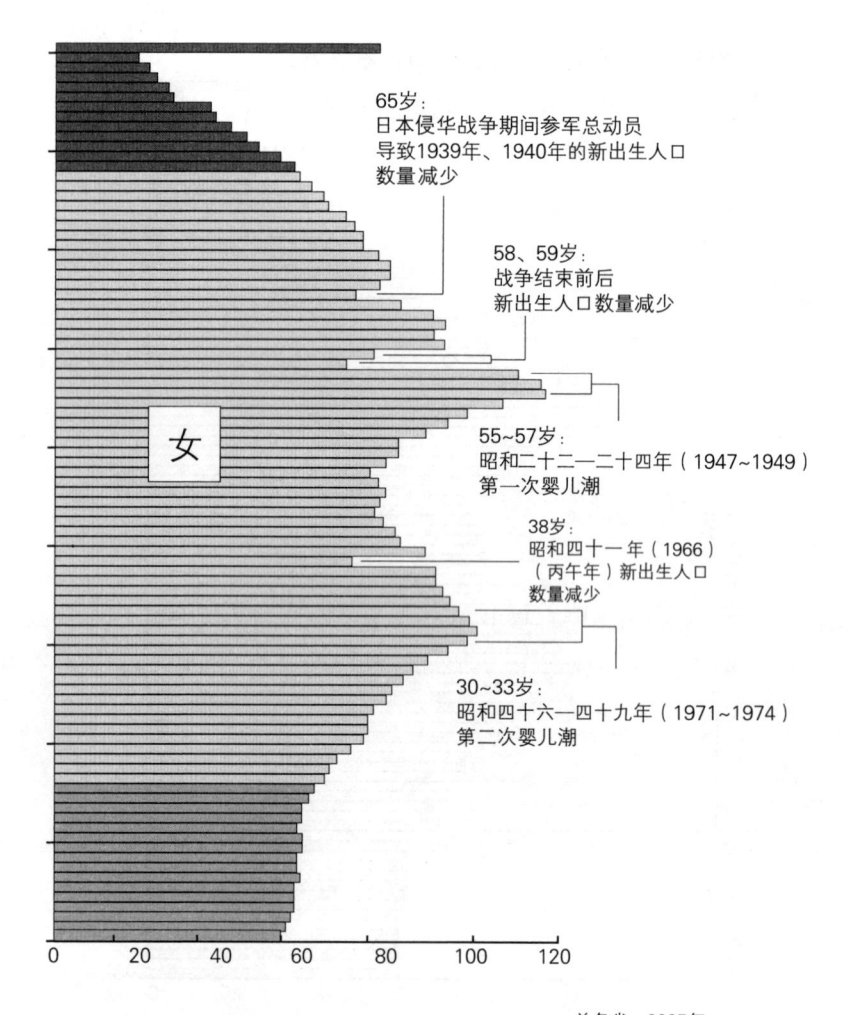

65岁：
日本侵华战争期间参军总动员
导致1939年、1940年的新出生人口
数量减少

58、59岁：
战争结束前后
新出生人口数量减少

55~57岁：
昭和二十二—二十四年（1947~1949）
第一次婴儿潮

38岁：
昭和四十一年（1966）
（丙午年）新出生人口
数量减少

30~33岁：
昭和四十六—四十九年（1971~1974）
第二次婴儿潮

0　20　40　60　80　100　120

总务省　2005年

龄段。

从某种意义上说，这一代人即将进入"消费最旺盛，最舍得花钱消费的时期"。

也就是说，对超市行业而言，今后的 10 年，可能会由于"团块二代"消费的暴涨，引发一个新的"黄金十年的风口"。

那么，请问大家：是否考虑过"团块二代"未来的消费需求呢？针对这一消费群体，我们又应采取怎样的对策呢？

我们是否过于局限思维，只盯着眼前"团块世代"这一代人制订营销对策了呢？

这也验证了我在开篇提到的，"思维方式"上存在着一层纸的距离。

但是，需要提醒各位的是，由于"团块二代"这一代人在生活理念及消费特性上的不同，过去市场通用的消费理论，在这一代身上完全不能通用。

所以说，无论商家怎样满怀期待这"黄金十年的风口"，若在"思维方式"和"方法"上存在错误的判断，必将无法得到消费者们的支持与青睐。

只有"价值诉求型"和"价格诉求型"这两种业态能存活下来

那么,面对"团块二代"这新一代的消费群体,我们作为商家,应该采取怎样的对策呢?

难道超市依然遵循以往的常识,用过去的老一套?

还要继续推行"每日低价(Everyday Low Price)策略"吗?

还是老一套的"打折促销"吗?

还要强调门店"标准化"的重要性吗?

还认为"超市就是提供平民晚餐的食堂"吗?

对此,我提出我的观点。

如果商家在营销策略上不进行创新,依旧延续过去的经验,要么失败的概率非常大,要么可能面临被大企业收购的衰败命运。

要知道,每一代人都有其不同的特点。因此,在"物资匮乏的年代"背景下成长起来的"团块世代"这一代人,与那些"没经历过苦日子"从小在物质丰富环境下长大的"团块二代",有着本质的区别。商家针对的目标客户群体不同,对应的商品营销策略当然也应有所差异。

然而，在现实中，"不愿接受这一观念"的经营者比比皆是。

对这一客观情况，我认为"这可能是无奈又不得不接受的现实"。

原因在于，时代背景造成不同年代的人，在观念上必然存在隔阂与差异。

众所周知，诸多超市企业的创始人，都是在"物品匮乏的年代"中成长起来的一代人。

对于那些"从没有过物质上的不满"的团块二代的想法，毕竟没有亲身体验过，也实在无从理解。

可是，这些"说了算"的经营者，即便"咽到肚里也不愿亲口承认"，他们"不了解下一代人"这一事实情况。

这是由于在超市这个行业的大佬们，大多是"唯我独尊型"的经营者。

他们绝不愿意自己的思维方式被他人否定。

针对这种情况，我又进行了深度思考。

那就是，要找到既不否定经营者们的观念，又能行得通的办法。

如果能对那些"从没有过物质上的不满"的员工进行教育投资，并教会他们"针对'团块二代'展开营销"的话，就能绕过上一代经营者们……

相对而言，针对"团块世代"的营销策略，因为经营者自身最熟悉，所以不需要任何多余的担忧。

不对，对于那些经营者所不能理解的下一代消费客户群体，也就是"团块二代"，就交给年轻的员工们去学习应对。也就是由同代人来推行符合他们的营销策略。

这是关键之处。

但有一点需要特别提醒大家。

那就是，针对"团块二代"员工进行培训的老师，如果是"团块世代"的人，恐怕会造成"水土不服"的问题。

这必须格外引起注意。

顺便补充一下，"团块二代"与"团块世代"之间最大的"区别"，在于消费理念上的差异。也就是说，"团块二代"这一代消费者，如果认可了商品的"价值"，绝对舍得花钱，反之，如果认为商品"没有价值"，会转而追求价格上绝对的"便宜"。

综上所述，随着消费结构的升级换代，市场将逐渐过渡到"团块二代"的新一代消费，今后将会以突飞猛进的速度呈现出"消费两极化"的发展态势。

这也意味着作为卖方，唯有"价值诉求型"与"价格诉求型"两种业态，才能存活下来。

关于这一点，我想那些在超市现场实际工作的行业人士，应该已经深有体会。我本人也因每年 300 多天奔走于全国各地的商家卖场，能深刻感受并领悟到未来的发展趋势。

以上阐述的都是朴实且简单的道理。

所以说，零售企业未来的趋势，将逐步向"垄断化"发展，最后向"多业态并存化"迈进。

总而言之，在零售行业将只有两类企业，能适应时代的发展趋势存活下来。

一类是能抓住消费者心理的**"价值诉求型"企业**。

另一类是通过规模效应，借助成本优势，满足消费者**"价格诉求型"的企业**。

"每个地区最终能活下来的，不正是这两类企业嘛！"

我在马不停蹄地奔走于全国的考察旅程中，也切身体会并验证了这一不争的事实。

所谓的"消费者可自由支配的支出将会逐渐减少"是一伪命题

基于对大量实体店的考察及多年的理论研究，我预测今后的时代可能会出现以下社会现象。

1. 零售折扣店及价格诉求型的零售企业，将会继续加快门店的扩张攻势，所以会进一步加剧消费品价格下降的趋势。

2. 非常遗憾的是，受晚婚的影响，少子化的现象无法得到有效遏制。

3. 随着离婚率的不断升高，人们会越来越重视并提高对自我的投资。

正如前文所述，随着零售行业向"价格诉求型"与"价值诉求型"多业态并存的新形势发展，"大型折扣专卖店的门店扩张"，与大型量贩店间的"低价折扣的价格战"将会愈演愈烈，大众消费者作为受益者，将会以更实惠的价格购买到商品。

比如，以雨伞为例，在日本的连锁百日元店大创（DAISO）未加速市场扩张以前，消费者在车站售货亭或便利店内，需要500~1000日元，才能买到一把雨伞，如今在百日元店内，仅用100日元，就能购买到相当不错的雨伞。

那么，请问：物价整体下降的同时，我们的工资是否也降到原来的十分之一了呢？

当然没有。

因此，可以简单推测出，今后，"我们可自由消费的钱财将会增多"，且"可支配收入将会呈现出逐步增长的趋势"。

这意味着消费行业出现了千载难逢的"大好机会"。尤其是对那些不具备资金实力的企业，如何瞄准消费者手中的"可自由支配的钱财"是关键所在。

而且，随着晚婚化的加剧、离婚率的提高，可以明确的是，这些"未来的主妇"的兼职化会呈现出逐步增强的趋势。

当前，从女性就业率的统计数据可以获悉，美国的女性就业率达到了86%，而日本女性的就业率仅为57%。

虽然相差了29个百分点，但从长远发展趋势看，今后这一差距将逐渐缩小。原因在于，如今大多数家庭都是独生子女或两个孩子，在养育孩子方面所消耗的时间精力，与上一代"团块世代"的大家庭相比，自然不可同日而语。

在这样的社会背景下，家庭成员的减少及闲暇时间的增加，促进了家庭主妇们外出工作。

这样一来，家庭的整体收入也因此得到了增长。

一方面，因为原本随着折扣店之间价格战的白热化，商品价格不断降低，所以家庭的可支配收入提高了。另一方面，主妇们就业率的不断提高，收入增加，从结果上看，作为食品零售行业目标客户群的主妇们，会表现出"舍得为自己花钱"，进而消费上的支出呈现出不断增长的趋势。

所以，每逢"家庭纪念日及喜庆的日子"，主妇们都会舍得花钱，进而促进了家庭消费支出的增长。

此外，还有日本人非常喜欢的各种节日。

圣诞节、新年、女儿节等等，在这些节日中，主妇们的消费愿望都会表现得强劲，出手大方。

根本不存在能捕捉"消费者需求"的天才

鉴于这样的社会背景及发展趋势，我认为，商家今后关注的重点不应再是老生常谈的"顾客（消费者）的需求"，而是深度挖掘那些尚未被满足的需求，也就是"顾客（消费者）真正想要的商品"上。这一点至关重要。

也许各位已经注意到了一个具有象征性的经济现象，那就是"经久不衰的长销商品在近年来呈现出骤减的趋势"。

请大家仔细观察一下我们身边的超市和便利店，在过去的十几年中，能一直被摆放在门店的货架上，长销且畅销的商品，到底能占到多少比例呢？

可能不会超过20%吧。

再看那些食品厂家，一年365天都在不辞劳苦地挖掘着顾客的需求，结果却总是不尽如人意。而且，推出的那些所谓绝对符合顾客需求的商品，往往大多数都经不住市场的考验，最终不能逃脱被无情淘汰的命运。

基于以上现象，可断定今后将进入一个快速变化，扑朔迷离的时代，若想准确"捕捉消费者需求"，可谓困难至极。

如果有人真的能突破这一难关，能准确捕捉消费者的真实需求，我想这样的人，应被称为天才吧。但众所周知，这个世界不可能存在那么多的天才。

所以说，作为商家今后的商品策略，在针对消费者需求的分析上，比起那种"抓住需求"的口号，更应该想方设法通过"有意识地布局"，来打造出"热销爆品""流行商品"，这一点非常重要。

上面的观点可能颇有些自以为是之嫌，但实际上直到两三年前，我本人也是同样频繁地使用这一"魔咒"，反复向客户强调所谓的"抓住消费者需求"。

我沉思反省之际，随着思考的深入，越发意识到，"啊，所谓'抓住消费者需求'这一说法，简直如同脱不开的魔咒"，是一种难以摆脱的固化思维。

"如果说我们无法捕捉消费者需求，那么今后到底应该关注什么方面？答案又在哪里？"

在我苦思冥想后终于找到了方向，那就是，我们应着重挖掘"客户真正的需求"，也就是"家庭消费的需求"。

特别是，对于那些希望立竿见影，想马上得到"结果"的商家，需要尽快切换"思维方式"，向"家庭消费需求"的方向迈进。

若能贴合"家庭消费的需求"而展开促销的话……

一般说来,一个家庭的收入每月基本上相对固定。在日本,家庭收入可理解为"丈夫的薪资所得"。当然,由于兼职主妇的增加,"妻子的工资"也会并入家庭的总收入当中,所以严格来说,夫妻的总收入才能被定义为"家庭收入"。

通常家庭的收入支出都是由主妇们来掌管并安排。

除了公司的奖金发放月,家庭每月的收入几乎没有什么变化(绩效收入等情况另算)。

所以,如何合理安排家庭的日常开支,是主妇们每天都必须考虑的内容。

也可以说,主妇们俨然充当了家庭中优秀"经营者"的角色。因此,在工资发放日的前后,家庭的消费需求不可能保持一成不变,必然会有所不同。

另外,在盂兰盆节[①]、新年等节日,长假期间与长假过后的

[①] 盂兰盆节,即农历七月十五日,在民间称为中元节、鬼节、七月半、麻谷节,是祭祀祖先的日子。

家庭消费需求，也会发生较大变化。

无论如何，商家要敏锐且正确读懂消费市场的瞬息变化。

还有一个事实需要引起商家的重视，那就是，"家庭消费的需求"往往容易受"商品价值的可视化"影响，从销售结果上看，表现出忽上忽下，大起大落的特点。

通常，当家庭的经营者（主妇们）认为商品"有价值"时，即便价格超出预算，也会进行投资（购买商品）。

反之，当主妇们感觉商品没有价值时，就会追求绝对的便宜，价格上表现为低价时，才会愿意购买。

可以不夸张地说，这些精打细算的主妇简直称得上是"优秀经营者"。

作为经营者，每月都会留存不少利润（存款），还要确保不降低家庭成员们的工作士气。为了达到这一平衡，主妇们会每逢各种"节日活动"及"纪念日"来临时，加以适当的"投资"（美食上的犒劳），也会兼顾未来的长远打算，适当提高家庭的储蓄。

总而言之，家庭收入的合理分配及运用，是一项"要求很高的工作"。

如果商家能贴合家庭消费的需求，开展各种促销活动，将会收获意想不到的结果。

而今后，在瞬息万变的时代背景下，随着家庭结构及家庭成员的年龄、收入等各种属性的不断变化，家庭的消费动向及消费喜好，也必然会随之发生改变。

作为超市商家，如能紧跟"家庭消费的需求"的变化，随时调整并优化商品的品类及促销活动（特别是店内促销），必然会取得惊人的销售业绩。

之所以强调"家庭消费的需求"，是由于真正花钱消费的主体，并非"个人"，而是其背后的"家庭"。

仅靠"品种齐全"与"价廉"，难以抗衡大超市

众所周知，在超市领域，当门店所在商圈内出现竞争对手时，就很容易陷入价格战竞争的陷阱。

而商家为了强调低价的优势，通常会铺天盖地地发放海报。

但是，除了常用的价格战，还能采取什么样的"竞争对策"呢？

通常来说，商家还会采用以下各种策略：

比如说，门店的升级改造。

"积分×倍兑换券"促销活动。

DM（Direct Mail）广告营销。

接待顾客技能的再教育。

然而，尽管商家用尽了各种招数，结果还是难以跳出"价格战"竞争的范畴。

实际上，我们不能忽略一个客观事实，那就是，消费者在购物过程中，购买的是"商品"本身。

绝不是图"低价"。

基于这样的事实，我们应回归到商品的本质，并关注"商品"自身，这就要求我们必须重新审视商品的价值。

而"重新审视"的秘诀在于，如何挖掘出商品的特长，并通过"可视化"的形式传递给消费者。

比如在，

"商品的种类"

"价廉"

"鲜度"

"口味及品质"

"应季（特别是生鲜食品）"

"家庭消费需求"

也就是说，商家可从以上六个维度重新塑造商品，以此来强化与竞争店的"差异化"特色。更重要的是，还要将这些"差异"，通过"可视化"的形式，清晰明了地传达给顾客。

那么，在商品的六个维度中，您认为能瞬间被顾客看到的，又是哪些方面？

答案是,"商品的种类"与"价廉"。

也就是说,从顾客步入门店的那一刻起,顾客在视觉上瞬间能感知到的信息,是商品种类的丰富程度,以及价格的便宜程度。

通常来说,关于那些被顾客"瞬间可视的部分",往往是门店卖场面积越大,"可视化"优势就越高。

换句话说,那些资金实力强大且具备规模效应的企业,通常更占有利形势。

可是,在商品的其他四个维度,也就是"鲜度""口味及品质""应季""家庭消费的需求"上,因不能被顾客肉眼所见,而很难做出判断。

借助这一客观规律,商家若能重点强化并突出这四个维度,即通过"可视化"的方法,将那些商品中原本看不见的内容,转化成"看得见的内容",就可以摆脱只靠价格战的困境。

不仅如此,"鲜度""口味及品质""应季""家庭消费的需求"这四个维度,与门店的面积大小、企业的资金实力完全无关。

也就是说,无论什么样的门店都不受限制,能马上实施。

"负责人的思维方式"成为阻碍业绩上升的壁垒

不可否认,当门店面临周边出现竞争对手开店等情况时,若采用传单促销的对策,在防止顾客流失上确实可起到暂时缓解的功效。

可是,这种低价促销的做法,必然会导致客单价的大幅下滑。

以前每天来店一次的顾客,为了只买那些"特价商品",会增加来店次数,由原来的一次变为两次,结果就造成了"来客数表面提升"的假象。

关于这一点,包括店长在内的所有员工,虽然都心知肚明,却不会向总部汇报真实情况。

这是因为即便说出实情,总部也顶多是下达指示:"这样的话,就不要再发传单了,想想别的对策吧!"

可从门店的角度来看,"若有别的对策,必然会早早采用,正是由于想不出办法,才只能使用传单促销的老一套啊"。

恐怕这就是店长们的真实想法吧。

要想解决这一问题,首先需要重新调整门店以往的"店铺定位",也就是重新进行定位。

其实,这并不是一件很难的工作。

不过,需要店长明确"在门店所在商圈范围内,想打造怎样的门店?",并通过文字的形式表达出来。

不需要引用任何复杂的语言及专业术语,更不必用英文来塑造高大上的形象。

比如说,类似这样的表达,"想成为商圈3公里范围内的'便利店'",或者说"打造成能让顾客经常说'谢谢'的门店",等等。也就是说,店长用自己的语言表述清楚即可。

这样一来,店长自身也会变得自信且有胆量,这一点非常重要。

接下来,需要展开"真相调研"。

所谓"真相调研",是指"顾客在我的店铺中,感觉到不合理、不满意、不信任、不愉快的地方",顾客认为有问题的部分,全部要一一找出来。

哪怕是从微不足道,很小的细节开始,都要全方位地展开调查。

然后,针对"真相调研"出的各项内容,门店按"优先级"对这些问题进行排序。

将优先级中排名较高的问题,分别归纳到"店铺""卖场""商品"这三大类中。

通过以上步骤的实施，才可以真正做到"站在顾客的立场"，实现门店的"营销变革"。

这种"营销变革"不仅没有丝毫难度，导入实施也非常简单。

但在实际导入之前，店铺内部往往存在着"一堵无形的高墙"。

那就是"负责人的思维方式"。若想改变负责人的思维方式，简直是困难至极。

实际上，根据本人过去的指导经验，从开始指导工作到导入"营销变革"的这一过程，耗时最长的企业可达3年之久，最短的企业也需要至少半年时间。

不过，就在最近，我终于找到了灵丹妙药，可瞬间戏剧性地转变"负责人思维方法"的方法。

现在，无论什么样的企业，我都有信心在三个月内，就能改变"负责人的思维方式"。

总之，若不能拿出眼见为实的结果，就无从改变负责人的"思维方式"。此外，必须确保在启动变革后的短时间内，就起到立竿见影的功效……

有关具体方法，我将在第2章"与'行业常识'背道而驰"、第3章"实现'可视化'的秘诀"中，再详细为大家进行阐述。

第 2 章

与"行业常识"背道而驰

——一经打破"固有观念",
　"畅销商品"层出不穷

"我们有时需要从固有的常识及知识中解放出来,应多关注我们那'灵光一现'的智慧之光,看看会出现什么?"

(松下幸之助)

顾客买的是附着在"商品"上的"价值"

"如果将原价 100 日元的商品以 90 日元的价格销售,原本只能卖 100 件的商品就可卖出 150 件。"

这就是经济学中的著名理论,"薄利多销"。

"薄利多销"可谓是超市行业中最普遍应用的,"常识"中的常识。

但是,快速变化的时代背景下,这一理论,恐怕已很难再适用于今天的零售业。我想,每天在商家门店的现场,与顾客实际打交道的所有人,都会深刻领悟到这一不争的事实。

最具代表性的现象,就是"每日特惠商品"的销量,已呈现出骤减的趋势。

在 10~15 年前,"每日特惠商品"按销量 100 件来考虑的话,在今天恐怕只能卖到 30~40 件吧。

当商家与电视台合作播出类似"××商品具有美容、减肥功效,有益于健康"的特别专题时,就会出现奇妙的现象,消费者会不约而同地前去购买。

至于顾客的购买动机,是出于"商品价格贵,还是便宜?",

可以说与价格没有任何关系。

究其原因，是商品所传递的"价值信息"，触动了百姓（消费者）心中的那根弦，才激起了购买的欲望，进而引发了消费者不约而同的购买行为。

作为商家，今后无论如何都需要把推行商品价值的"可视化"作为营销战略，以真正满足那些即将成为"新时代主妇"的主角，也就是"团块二代"这一代人的客户需求。

那么，如何才能实现"价值"的可视化呢？

首先，作为卖方的商家，要摒弃"顾客购买的不过是商品实物"的固有观念。

实际上，当今消费者购买的不再是"商品本身"，而是"附着在商品上的价值/信息/情感"，我们务必清晰地认识到这一变化。

因此，如果商家能实现商品所附带的价值、信息、情感方面的"可视化"，就会创造出畅销奇迹。

比如下文所介绍的……

夏季热卖的"日式年糕",畅销的"2850 日元的烤鸡肉串套装"

在大家的认知中,"年糕"在夏天绝对不好买吧。可是,结果出乎意料,年糕非常畅销①。

如照片1所示的那样,商家仅用一张能唤醒消费者"感性诉求"的 POP 广告,竟然在短短的一周内,将定价 580 日元的年糕卖出了 700 份的销量。

销售额也达到了 40.6 万日元之多。

通常来说,"盛夏≠年糕",这是一种两极化的对立概念,但通过构建冲突,可以制造出戏剧性的反差以突出可感知的价值。

商家通过"年糕,为什么特意在盛夏销售?"的 POP 广告,向消费者传递了年糕的价值。同时将这一"价值",通过"可视化"的方法展现给顾客,最终引发了顾客的共鸣。

为唤醒消费者的"感性诉求",情感营销的方法充分利用扇

---

① 日本年糕一般只在春节食用。日本人过年吃年糕,取其本身具有韧性的特点,希望吃的人具备坚韧的意志。

子形状的POP广告，营造出了"价值"的"可化"。

我们再看照片2，显示的是"2850日元30根装"的烤鸡肉串套装商品，在日本，孟兰盆节的长假期间，这款商品的销售额竟达到了普通烤鸡肉串商品的约30倍之多。

试想，如果门店只将"30根2850日元"这一价格信息，作为商品的"价值"进行宣传的话，恐怕连一份都难以售出。

而这家超市的熟食负责人，采取了这样的营销策略，即特意在POP广告上标注了"约6人份"的商品信息。

还添加了一句副标题，"平均单人份仅需500日元，您不觉得价格实惠吗?"。

总之，这种直观可视的POP方法，使得消费者感知到了"大约6人份，平均单人份仅需500日元"这一价值，进而激发出了消费者的购买欲望。

第2章 | 与"行业常识"背道而驰

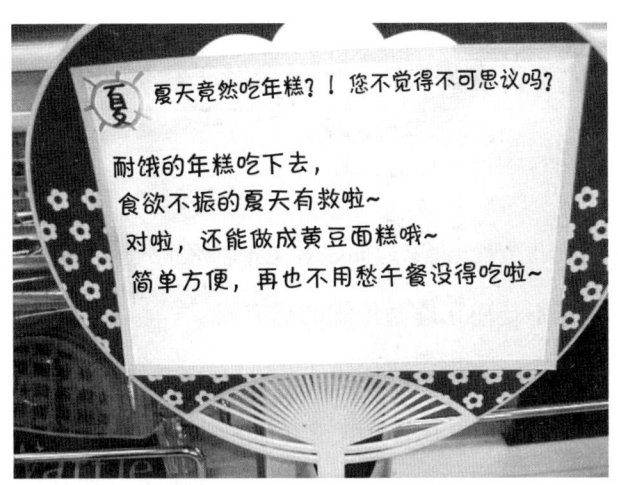

照片1 "扇形"POP的运用,成功提高了顾客的关注度。

照片2 颠覆常识的"肉串套装"。使用POP重点体现"~人份",一跃成为畅销商品。

057

女儿节时"售价350日元"的草莓蛋糕热卖的理由

每逢女儿节①，商家应向顾客主推什么商品合适呢？

商家是不是还在遵循传统的固有观念，与往年同样，只销售那些老一套的"甜豆糖"和"菱饼"呢？

我们是不是可以在节日营销上有所创新？

如照片3和4所示，这家超市以"女儿节的甜品特卖"为主题，营造出大排面的陈列展示效果，最终实现了甜品的畅销热卖。

而且，每份甜品的定价高达350日元。

结果销售火爆，当天就售出了约400份的甜品，销售额也达到了14万日元。

当然，这仅是连锁超市中一家门店的销售数据而已。

试想一下，如果超市想仅依赖女儿节特有的"米花"和"菱形年糕"，就实现这一销售数字，恐怕绝无可能。

您认为，在今天这样不断创新的时代，那些女性及女孩，

---

① 女儿节又称为偶人节、桃花节，是祝福女孩子健康成长的日本传统节日。节日时间是每年3月3日。

第 2 章 | 与"行业常识"背道而驰

照片3　有效利用平柜的陈列排面，营造出"时尚感十足"的展示效果。

照片4　一天竟卖出了400份，而且是以350日元的高价格。

059

还会满足于那些女儿节的传统食品,"米花"和"菱形年糕"吗?

既然这样,作为商家,我们就需要深度思考一下,针对女儿节的营销活动,要用什么样的商品提案,才可能被当今年轻女性认为是收获"价值"最大的商品。

这家超市经过深思熟虑后,选定了商品企划方案,那就是"甜品"。

不仅如此,在甜品的定价策略上,特意设定为350日元的高价,要知道,这在超市商品中绝对属于高价位。

最终,从销售结果上看,高价的策略可谓正中下怀,大获全胜。那些以年轻女性为主的消费人群,对价格没有任何抵触,完全被甜品的魅力"俘虏",从而实现了甜品的热卖。

当然,在此需要补充说明一点,我并不是全盘否定"价格策略"及"低价"的营销策略。

相反,对于那些以"价格策略及低价"来体现主要价值的商品而言,作为抗衡竞争对手的策略,"价值=价格/廉价"这一原则显得非常重要。

但是,我们不能忽略一个事实,那就是,消费者在购买行为中,除了注重商品价格,还会追求商品的价值。

但凡在超市工作的群体,无论是谁,应该都不愿与对手陷入同质化的竞争中。所以,比起价格战,商家应更重视商品在价值上的差异化。

成功的营销策略，不仅能满足消费者对商品价值的需求，还能为商家带来经营效率上的提升。

比如说，与销售散装的"一根100日元的烤鸡肉串"相比，销售"30根套装的2850日元的烤鸡肉串"在效率上明显更高。

同样，比起单份仅能卖到100日元左右的"女儿节米花"，超市应更希望销售高达350日元一份的草莓蛋糕（甜品）。

而事实上，即便售价不低，销售依然火爆。

总之，我们需要注意到其中的逻辑，就是要实现"商品价值的可视化"。

分析POS数据，不单是为寻找"滞销品"

众所周知，"数据分析的目的，是通过尽早发现滞销品，减少常规商品，不断引进新商品，并不断扩充畅销品的陈列排面以促进销售。所有措施，最终都是为了提高经营收益"。

这就是我们常说的"POS数据分析"的精髓所在，也是所谓的行业常识。

的确，作为商品部的采购负责人，若不能及时发现"滞销品",就无法"删除滞销品",而实现商品的优化及调整。

所以,他们按照这样的思路来优化商品结构,没有任何错误。

但是,如果门店方面也采用同样的方式,将会出现什么样的结果呢?

也就是说,门店若与采购按照同样的视角,对POS系统进行数据分析的话,是否真的合适呢?

实际上,在经济快速增长期,且销售额持续上升的阶段,商家若能不断淘汰滞销品,同时扩大畅销品排面的话,确实能避免出现商品脱销的问题。

不仅如此,由于能减少补货次数,还可起到提高经营效率(效率化)的作用。

而且,只要不断引进新商品,商品就会畅销。

因此,在过去经济景气的年代,门店只要能不断淘汰滞销商品、引进新商品,就能实现销售额的不断增长。

然而,如今的时代已经今非昔比。

连新商品的畅销率也处于急剧下滑的状态。

那么,在今天这般销售难的经济环境下,若门店依然原封不动地照搬"分析POS数据,是为了发现滞销品"这一过去的概念,真的没有问题吗?

虽然大家一致认为,"如今,已经迈入了一个商品卖不出去的时代",但商家所采取的对策,还是"一如既往"的分析方法。

借助 POS 数据"找到畅销品"

既然这样,我们该采取什么样的对策呢?

实际上,在做咨询指导时,我一直对客户反复强调这样的理论。

"要通过 POS 数据分析,找出那些畅销商品!"

"还要分析出商品为什么能畅销,一定要用心去观察和感受,那些畅销商品的趋势及畅销的主要原因!"

要知道,所谓的"便宜就能畅销""高价就卖不出去",类似这样的经济学理论及道理,已经不再适用于今天这样的时代。

所以,商家必须学会通过 POS 数据分析,发现除商品"价廉"之外的,商品背后所隐藏的流行趋势及主要原因。

在此,我借助一个实际案例来进行说明。

那就是,2007 年 1 月,日本富士电视台的科教类综艺节目《发现!生活奥秘大辞典》引发的"纳豆减肥事件"。

(日本电视节目建议多食用纳豆减肥,结果掀起了日本全国抢购纳豆潮,短短几日就令日本纳豆市场供不应求。正在此时,电视台高层却就此事向民众致歉,称此事"纯属虚构",相关数据也是伪造的。)

该节目宣称,"早餐与晚餐时,将纳豆搅拌均匀并放置20分钟后进食,就能达到减肥和美容的双重功效"。

节目刚被播放不久,就在日本掀起了疯狂的抢购纳豆潮,导致全国各地超市货架上的纳豆,瞬间被一抢而空。

可以说,这个事件恰恰能成为一个可颠覆经济学理论"便宜就能畅销"的有力证据。

要知道,如今这个时代,商品之所以畅销,除了"价廉"的因素,还存在着流行趋势。

而且,对消费者而言,购买商品时所获取的其他方面的价值,甚至可能超过"价廉"所带来的价值。

所以,在为客户做咨询指导时,我会对店长及卖场负责人特意大声强调:"为什么这款商品能够畅销?在场的各位,一定要自己亲身去观察并体会,畅销背后的流行趋势及主要原因!

"也一定存在着其他类似的畅销商品,与这款商品具有同样'流行趋势和主要原因'的商品!

"然后,我们只需要将这些具备同样'流行趋势和主要原因'的商品,通过'故事POP'的宣传形式,全力以赴地在卖场向顾客进行推销。只有这样做,商品销量才能迎来爆发式的增长！"

其实，这根本不需要任何特殊的才能。如果还是不能理解畅销的真正理由，可以请教店内的临时工或是家庭主妇。

我们可以这样询问："请问您为什么选购这款商品呢？"如果还不清楚，就打破砂锅问到底。

也只有这样，才能真正发现畅销背后所隐藏的流行趋势和主要原因。

左手 POS 数据，右手备忘录

通常来说，超市中的商品琳琅满目，商品种类的数量可达数千种。

然而，在众多商品中，能畅销的商品种类，却仅占 100~200 种。

也就是说，剩下的大部分商品都很难卖出去。

但是，在这些卖不动的商品中，一定存在一些具有畅销潜力的商品，也就是能成为"畅销后备军"的商品。而我们可通过改变这些商品的"销售方法"，以及"提案式销售"的营销策略，使这些原本不好卖的商品摇身一变，成为畅销商品。

所以，商家首先需要找出这些商品，然后配上精美的"故事POP"，再通过"关联销售"等方式大力开展营销，这些后备军就会成为畅销商品，并为门店的销售额和利润做出巨大贡献。

之所以这样说，是因为这类有潜力的商品，属于其他竞争企业尚未关注，或者说还未被重点推销的商品，从某种意义上来说，尚属于"无竞争"状态的商品。

当然，若想通过对POS数据的分析，敏锐地觉察到这类商品，确实需要长时间的训练及经验积累。

但商家一旦拥有了这种敏锐觉察的能力，就可以源源不断地发掘出这些畅销商品。

也就是，我们需要掌握撬动畅销的"切入点"。

对于这点，我相信会出现这样的反论：

"只有那些具备特殊才能的人，才能做到吧？"

"那可不是普通人就能达到的境界！"

还有人会说："每天的工作就已经很忙，哪有时间去看那些POS数据啊？"

可实际上，发掘畅销品根本不需要任何一项特殊才能。

做到一点即可，那就是在前文中也谈及过多次的，"直接去问就行"。

具体来说，可以去问女性临时工、正式工，还可以向小时工提问。只要不断地去提问，就能从她们那里获得想要的信息。

在日本，被称作"提问式调研第一人"的中山 MAKOTO 先生，提出过类似的言论：

"总之，只要有不懂的地方，就直接去问。

"不要依赖自己的凭空想象，必须一边对从别人那里听到的启示加以提炼，一边自主进行思考。这是最快的途径。"

也就是说，"不要全靠自己一个人苦思冥想！"，而是学会向他人提问。可以询问其他部门的主管，也可以向店长提问。最终一定会从对他人的提问中得到启发。

通过这样反复不断提问式的训练，就会逐渐觉察并领会到"商品畅销的流行趋势及主要原因"。

然后，需要每周至少一次，对 POS 数据进行分析，并从中找出畅销商品。

接下来，将这些畅销商品记录备案，同时认真思考"为什么这些商品能畅销"。

若依然找不出原因，就去请教身边的人。

这样一来，就能真正获悉商品畅销的"流行趋势及主要原因"。

而在了解商品畅销的逻辑后，就可以在卖场找出与那些畅销商品具有同样"流行趋势和主要原因"的商品，然后为这些"畅销商品的后备军"配上"故事营销的 POP 广告"，并在卖场中面向顾客进行重点推销。

这里顺便提一下，日本明治时代的大实业家涩泽荣一，说过一句经典名言，"左手《论语》，右手算盘"。我稍微做了一些修改，也是我经常向客户强调的一句话，那就是：

"左手POS数据，右手备忘录。"①

实现"降低损耗率3%"后发生的事情

"只要降低损耗率，就能提高经营收益。"

对于生鲜部门、熟食部门和日配部门而言，这绝对是毋庸置疑的"常识"。

当然，我对此也没有否定之意。

特别是对于那些尚未建立管理机制的企业和门店来说，若有效实施"降低损耗率"的举措，确实可在收益上取得颠覆性的改善效果，我也曾几次亲眼见证过这样的实例。

但是，对于那些多年来一直把"降低损耗率"当作课题来

---

① 明治时代指1868年至1912年。涩泽荣一，1840年3月16日—1931年11月11日，出生于埼玉县，日本明治时期的大实业家。曾创立了日本第一家银行和贸易公司，拥有"日本企业之父""日本金融之王"等桂冠，其在著作《论语和算盘》中总结了自己的成功经验，既讲精打细算赚钱之术，也讲儒家的忠恕之道。

改善运营的企业而言，是否每年都应一如既往地把"降低损耗率"当作不变的口号呢？

而且，今后若还坚持信奉"降低损耗率"，真的就能起到提高收益的效果吗？

在此，为大家列举一个约3年前我经手的实际案例。

某客户企业的熟食部门新上任的采购负责人，抱着"尽快做出业绩"的信念，实施了一项改革措施。

那就是，"力争将门店损耗率降低3%"。

在听到这一就职宣言后，该企业的高层们可谓皆大欢喜。

"很好，说得很好。请务必努力，以实现损耗率降低3%的目标。"

在受到高层们的鼓励后，这位采购负责人更是摩拳擦掌，跃跃欲试。

为此，他提出了以下具体措施：

"重新规划午餐便当的生产数量，以减少折扣损耗。"

"重新调整傍晚时间段的商品陈列数量，以降低从晚高峰到闭店这一时间段的降价损耗、报废损耗。"

而且，这两项措施同步实施。

然而，悲剧的序幕也就从此拉开了。

那就是，这位负责人掉进了"损耗率魔咒"的陷阱中。

那么，改革后出现了什么样的结果呢？

确实，午餐便当商品的折扣损耗不仅实现了骤降，从晚高峰到闭店间的折扣损耗、报废损耗也都实现了大幅下降。

总之，负责人上任之初所定下的"损耗率降低3%"的目标，在"转眼之间"都顺利得以实现。

虽然达到了预期的目标，但不料出现了更为严重的问题。

那就是，"销售额也出现了大幅下滑"。

是的，必然会导致这样的问题。这是因为损耗率的降低会引发"机会损耗"。而且不仅是销售额下降，傍晚以后来店的顾客数量也呈现出逐渐减少的趋势。

那是因为，傍晚时间段的商品数量的降低，导致以前那些为购买折扣商品来店的顾客，减少了来店的次数。

这样，本以为通过大刀阔斧的改革，如愿实现了"降低损耗率3%"的目标，却适得其反，出现了损耗率不降反升的问题。

你没有真正理解熟食的销量提升法则

从这以后，门店的销售额不仅持续下滑，损耗率也不断升高，可以说，经营彻底陷入了"泥沼"当中。

于是，熟食部门的负责人愁容满面地来找我寻求帮助，"已经不知道该如何是好"。

我给出了下面的指导建议：

"我认为，您没有真正理解熟食商品的销量法则。

"只要改变以往的思维方式，销售额和利润必然有所回升。"

首先，必须理解：

"对于那些销售期限仅为一天的商品（熟食、寿司、刺身、拼切水果等生鲜食品），陈列的商品数量与销售额基本成正比的关系。"

熟食、寿司、刺身等这些对鲜度要求较高的商品，若当天未能销售出去，第二天将被作为报废商品处理。所以，这类商品无论如何都必须在当天售罄。

商品即便贴上"八折""七折""半价"之类的打折价签，也要确保陈列的商品当天售罄，所以卖场陈列的商品数量越多，销售额就会越高。

当然，从另一方面看，降价打折必然导致损耗升高。

而这位新上任的熟食部的采购负责人，由于只看到"降低损耗率"的数字目标，才会彻底减少了熟食区商品的陈列数量。

正因为如此，"损耗额"虽达到了骤降的效果，销售额却出现了大幅下滑的问题。也就是过于追求降低损耗率而丧失了销售机会。

鉴于这种情况，我为这位新上任的采购负责人提出了以下的改善方案：

①先分析 POS 数据，从中筛选出销售额占比高于 1% 的商品。

②然后从这些商品中，选出从傍晚到夜间时间段的畅销商品后，大幅度提高这些商品的生产数量。

③这样做的益处是，可聚焦那些畅销商品，并通过大量生产的方式，防止出现生产效率低下的问题。

④接着，大量增加从傍晚到夜间时间段的畅销商品的 SKU（Stock Keeping Unit，单品）的数量。

⑤特别是对那些加价率达到 50% 以上的商品，更需要提高生产数量。

熟食负责人按照我的建议在卖场按上述步骤实施后，不仅部门的销售额迅速回升，还出现了让他更为惊喜的结果。

那就是，损耗率降低的同时，毛利润呈现出大幅度的增长。

之所以能取得这一系列成绩，在于采用了选择与集中的策略。只集中生产那些畅销商品，同时扩充了 SKU 的数量，达到了扩充商品种类的目的，并由此满足了顾客的多样化需求。就这么简单，绝没有使用什么特殊的魔法。

不仅如此，由于不断增产那些加价率超过 50% 的高利润商品，即便最终以 8 折、7 折的价格售卖，依然能确保足够的利润空间，从结果上看，毛利润也呈现出大幅度的提升。

在此，请各位审视一下自己的卖场，是否也陷入"损耗率的魔咒"当中了呢？

必须让所有人都理解"是哪些商品造成了不良库存"

"只要实现合理的订货及合理的库存，就能提高门店的收益？"

相信诸位已经对这一金科玉律听得"耳朵起茧"了吧。

的确，"合理订货"与"合理库存"，都是众所周知的行业常识。

现实情况却是，很难实现"合理订货"与"合理库存"。

即便达到所谓的"合理订货"及"合理库存"，也可能导致不能提高收益。

如果想改变这种状况，既希望能大幅提升收益，又能改善库存的话，应该怎么做呢？

首先，我们要充分理解不良库存产生的主要原因，通常分为以下三种情况。

a. 采购部门（总部）的强制配货

b. 促销商品的订货量过多

c. 海报商品的囤货

当然，虽不能说常规商品中就没有不良库存，但总体来看，这部分的占比很低。

尽管总部的管理层和采购人员都能理解不良库存的成因，但通常门店的订货员们对不良库存缺乏正确的认知。这是现实中存在的问题。

所以，当务之急，是要让门店的订货员们真正理解不良库存，这一点至关重要。

也许总部的采购负责人们会认为，"这都是常识，是所有人都必须知道的内容啊"。

殊不知，由于门店近年来一直推崇低成本运营，订货员和卖场负责人的行业知识水平，正处于急剧下滑的趋势。

正是如此，才导致从不良库存产生，到"不良库存究竟是由哪些商品造成"的一系列问题，这就是真实的现状。

我认为，至少那些有责任感的订货员，在每次订货时，一定会认真权衡订货数量的多少，以满足合理订货的要求。

为避免造成缺货问题，不给顾客的购物带来不便，有些订货员甚至还会有意"多订一些"。

当然，他们的这份用心非常值得肯定。这种做法也没什么不对。

但问题是，既然这么用心良苦，又为什么会出现不良库存的问题呢？

在我看来，产生不良库存的主要原因，是"商品消化率"的恶化。

这就是根源所在。

换句话说，就是缺乏**"售罄力"**。

总而言之，在经济学理论已无法适用的今天，不同于过去那种"便宜就能多销"的时代，如果商家不能在营销方法上多下苦功，不能想方设法打动消费者，也就是拨动他们情感上的琴弦，不能做到全力以赴提高所订购商品"消化率"的话，恐怕今后不良库存会越来越容易产生。

培养"提高消化率"的习惯及文化

那么，如何才能提高商品的消化率呢？

同时，能否提高门店的"售罄力"呢？

为此，门店首先要做的，可以说是理所应当的措施，就是让订货员们强化"消化率"的意识。

如果能让订货员们具备"提高商品的消化率，就等同于减少不良库存"的意识，就可使库存大幅度降低。

接下来，作为进一步提高消化率的方法，需要店长及部门主管搭建现场检验的机制、习惯及文化，这一点至关重要。

在具体方法上，可以由店长或部门主管，在卖场中采用经常向订货员提问的形式，诸如"这个货架（陈列平柜/平台）目前的消化率是多少？""最终的消化率目标要达到多少？"等类似的问题。

换言之，只要管理层不断提问，能让订货员切身感受到"店长和部门主管对消化率的重视"，那么订货员的"消化率"意识自然会有所提高。

这样一来，就能明显降低不良库存。

这里，借用著名的"相对论"提出者爱因斯坦博士的一句名言，"勤于提问，善于思考"（Question，Thinking）。

也就是说，管理层需要通过不断向员工提问的方式，来培养员工的问题意识并促使员工养成习惯，然后逐渐形成常规化，最终打造成为门店特有的"文化"。

提高"售罄力"的三种方法

在员工养成"消化率"意识的前提下，接下来我将为大家介绍提高"售罄力"的三种具体方法。

①对门店的主力商品，需要贯彻执行"3-3-3"的陈列原则（打造主力商品的可视化）

所谓"3-3-3"原则是指：

"3倍的商品陈列排面。"

"3倍的商品陈列体量感或SKU数量。"

"3倍的大尺寸POP广告的搭配。"

也就是，商家通过在卖场实施上述三种陈列，就能大幅度提高顾客对商品在视觉上的"识别率"，从而使那些主力商品更为醒目且清晰可见。

从结果上看，顾客在进入门店后的三秒内，即可识别出哪种商品是商家重点推荐的主力商品。

可以说，这是一种立竿见影的商品陈列原则。请大家务必在门店的卖场中尝试运用。相信业绩会快速得到提升。

②针对消化率不理想的商品，推行"试吃促销"和"样品促销"

特别是对那些方便采用试吃形式的生鲜类食品、熟食、日配等商品，试吃促销的方式能起到非常显著的效果。

尽管免费试吃的促销活动，在行业内属于"理所应当"的销售形式，可现实情况是，很多超市未能有效运用这种促销方式。

更有甚者，竟然强调"免费试吃会造成损耗"。

请认真权衡一下，通过试吃活动，在提高"消化率"上，能达到多高的程度。考虑到试吃活动所带来的业绩提升，所谓"试吃造成的损耗"简直可以说是微乎其微。

免费试吃活动，可被理解为一种体现商品美味"可视化"的销售方式。

③强化"故事营销的POP广告"

所谓"故事营销"，是指商家将"商品的信息"和"卖家的心意（推荐理由）"传递给顾客的一种营销方式。

比如说：

"为什么这种商品会以特价销售？"

"为什么商家特意向顾客主推这种商品？"

也就是说，商家需要把"卖家的心意"，书写在商品的POP广告上，以引起顾客的共鸣。

通常来说，作为特价商品和促销商品，必然有其"推荐给顾客的理由"。

接下来，商家还需进一步将这些理由，通过POP广告这一"可视化"的形式，传达给顾客。

总体来说，制作"故事营销的POP广告"完全没有任何难度。只要商家能有效运用POP广告，就能显著提高商品的"售罄能力"。之前那些原本"消化率"很差的商品，也会转瞬之间变得畅销起来。

还能使卖家切身感受到，"商品即使不便宜也能卖得好"的效果。

总而言之，商家若为那些主推的商品配上"故事营销的POP"广告，POP上推荐的理由又能被顾客所认可的话，商品的消化率必然能实现爆发式增长。

在生鲜及日配商品的损耗中，还存在一种"看不见的损耗"

其实，在生鲜、熟食和日配部门，还存在一种"看不见的损耗"。

而且，与那些看得见的报废损耗及折扣损耗相比，这部分看不见的损耗非常高。

请大家参考**图表3**。

图表3　消化率的重要性

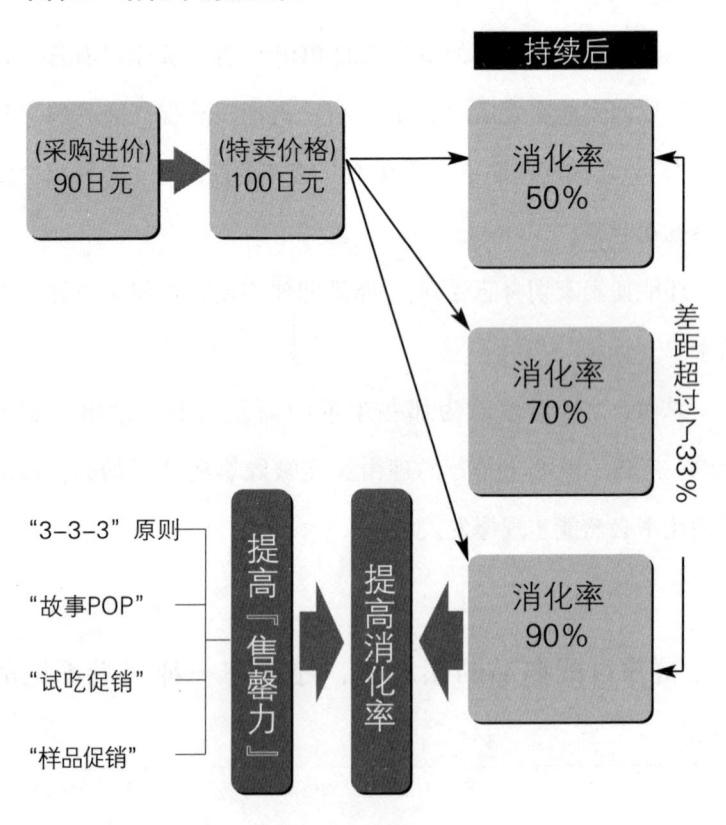

持续后

(采购进价) 90日元 → (特卖价格) 100日元

消化率 50%
消化率 70%
消化率 90%

差距超过了33%

"3-3-3"原则
"故事POP"
"试吃促销"
"样品促销"

提高『售罄力』→ 提高消化率

如图表 3 所示，作为特卖商品，门店以 90 日元的进价采购，以 100 日元的特价在卖场进行销售。那么，从销售结果上，当商品消化率为 50%时，考虑到商品的生产日期比较旧，再加上订货量的二分之一还未销售出去，订货员将售价下调为 80 日元，希望通过降价来达到出清的目的。

但是，如果商品的消化率达到 70%，也就是还剩下 30%的库存时，就可不必再降价，保持原来 100 日元的售价继续销售。

进一步说，由于订货员平时就注重强化消化率的意识，并想方设法将消化率提高到了 90%，结果就仅剩下 10%的库存，这样的话，即便在特价促销结束后，重新将售价调回到常规价格（128 日元）进行销售，也没有任何问题。

所以，对于像生鲜食品及日配商品，也就是那些生产日期管理比较困难，且鲜度极其容易劣化变质的食品，"消化率"这一数据就显得极其重要。

从上面的案例还可看到，把消化率 50%与 90%进行比较时，会发现毛利额的差距竟达到 33%以上。

当然，这里并没有考虑"数量"这一因素，如果加入数量去计算"毛利额"，将会出现更大的差距。

这就是我们所说的"看不见的损耗"。

由此可见，若门店的订货员能具备消化率的意识，并强化

"售罄力"，那么对于像生鲜和日配食品等，也就是经营这类保质期短，日期管理相对困难的商品，以及鲜度极其容易劣化变质的商品的部门，收益率必然会实现显著提升。

总而言之，杜绝这些"看不见的损耗"，比起降低那些"看得见的报废损耗"，在收益改善上更能发挥出更大的作用。

只要是有可能畅销的商品就要全力去卖！

"只要是畅销的商品，就要全力去卖！"

对于那些在卖场一线工作的人而言，这可能是常听到主管们说的一句话吧。

的确，这种说法没有任何错误。

但现实情况是，即便店员对那些畅销的商品展开全力推销，从结果上看，销售额依然很难得到提升。

甚至，会出现更糟糕的结果，那就是，在主管们"只要是畅销的商品，就要全力去卖"的号令下，造成了越是全力去卖，毛利率越低的严重事态。

这是因为那些畅销商品，不单单在各位的门店（或是企业）中畅销，在竞争店同样也卖得好。

正因为如此，对于在哪儿都同样畅销的商品，如果想卖得更火，方法只有一个，那就是，比竞争店的价格更加便宜。

但这种低价竞销的结果是，要么是"毛利率下滑"，要么是"在价格战中败下阵来"。总之，最终逃脱不了这二选一的结局。

那么，我们应该如何是好呢？实际上，正是大家被自身固定观念束缚，才导致门店销售额和利润的低下。比如说，我们通常会认为：

"香蕉在夏天肯定卖不动。

"海鲜干货只能当作早餐的食材。

"说到牛排就是指西冷牛排。

"柚子醋只在秋冬季节畅销。"

其实，类似这样的销售常识，都是非常僵化的"固定观念"。我们要尽快摒弃这些传统的固有观念。

之所以这样说，是因为就在最近，市场上竟出现了夏季关东煮、冬季冰激凌意外畅销的销售数据。除此之外，还出现了这样的热门话题，本来只在夏天才卖的"蒲烧鳗鱼"，超市商家尝试在春、秋、冬的"土用日"① 销售后，结果"在春季土用日促销活动中，蒲烧鳗鱼的销售额，一跃高达促销前的 3 倍

---

① "土用日"是指立春、立夏、立秋、立冬四个节气前的 18 天。在日本，蒲烧鳗鱼作为一种在盛夏体力下降时，能够增添体力的美食为大家所熟知。

之多"。

不仅如此,在啤酒的消费上也是突破常规。由于东京首都圈的冬季比较干燥,加上室内取暖温度较高,所以出现了即便在寒冷的冬季,啤酒销量依然明显递增的经济现象[①]。

比如,"过去只在秋季才能上市的松茸炊饭,如今在炎炎夏季的7月开始登场"等等,可以说,那些在过去传统的"常识"中简直无法想象,颠覆认知的经济现象,借助销售数据都开始显现出来。

而那些"因为是夏天,因为是冬天,所以应……"等旧常识,在今天这个不断变化创新的社会背景下,已经无法再适用。

因此,希望大家摒弃那些陈旧传统的"固定观念"。这样一来,就能真正察觉并发现那些正跃跃欲试,准备成为"畅销品"的预备军。

然后,我们再为这些有畅销潜能的商品,搭配上"故事营销的POP"广告,在卖场中积极向顾客展开销售。

如果门店能实现差异化竞争,就能避免陷入与竞争店的"价格战"当中,且无论是销售额,还是利润都能切实得到保障。

总之,在如今这样的时代,已经不能再墨守成规,强调

[①] 首都圈是指以东京为中心的都市圈,包括东京都、神奈川县、千叶县、埼玉县。

"只要是畅销的商品,就要全力去卖!"这样的固定观念。

应树立具有创新思维的新观念:"**只要是有可能畅销的商品就要全力去卖!**"

颠覆顾客的旧常识,才能现商机

其实,不仅作为卖方的商家持有固定观念,作为买方的顾客,同样存在固定观念。

甚至可以说,顾客一方也存在许多"没注意到"及"不知道"的事情。

比如说,顾客所认知的,"牛排=西冷牛排(牛腰肉)",这一常识就是顾客的固定观念。

可实际上,作为商家,我们知道牛排中包含了"里脊牛排""后腿肉牛排""臀肉牛排""肋眼牛排""骰子牛排"等等,牛排分为很多种类。

在这些不同的牛排商品中,有一种牛排,相比西冷牛排,"具有三个以上的优点"。

那就是"后腿肉牛排"。

这是由于,后腿肉牛排取自牛的后腿中最柔软的部位,所以味道格外鲜美。

可是，如果我们仅用"后腿肉牛排"这个商品名称，向顾客展开销售的话，恐怕顾客根本"感受不到牛排的柔嫩鲜美"，也就不会产生购买的欲望。

于是，经过一番深思熟虑，针对牛排的营销企划，我提出了以下改良方案。

①首先，尝试改换一下商品名称。

②然后，将后腿肉牛排与西冷牛排进行横向对比，并将后腿肉牛排的优势以"可视化"的形式传达给顾客。后腿肉牛排的优势如下：

・相比西冷牛排，在口感味道上更鲜美

・相比西冷牛排，对人体健康更有益

・相比西冷牛排，价格上更加实惠（可便宜三成）

也就是，通过POP广告宣传的形式，向顾客清晰地传递出"优越性的可视化"。

为了更清晰地凸显这三个优势，商家还套用了"米其林等级测评"的评定方法，特意将商品命名为"三星级牛排（后腿肉牛排）"。

由于直观地展示出了商品的价值，也就是"相比西冷牛排更健康，口味更好，还便宜"，触动了顾客心中的那根弦，进而激发出了顾客的购买欲望（请参考**照片5**。卖场中实际的宣传内容，与最初的提案稍微有些出入，请大家谅解）。

照片5　后腿肉牛排的新销售方法。

结果，之前完全卖不动的"后腿肉牛排"，一跃成为人气火爆的热销商品。

而且直到今天，在这家超市企业的牛排销售额排行榜上，后腿肉牛排的销售额依然领先西冷牛排。

所以说，如果我们能做到颠覆"顾客的旧常识"，就能不断拓展商机。

可以说，在超市的卖场中，还沉睡着数不清的类似这样的

"宝藏"。

大家口中常说的那些"畅销商品",也应从此换一种称谓,即"过去畅销的商品"。至于说,今后是否还能持续稳坐"畅销商品"的位置,恐怕谁也无法保证。

总而言之,在今天这样日新月异的时代,可以说:

消费者们正在不断发生改变。

商品变得越来越美味可口。

食用方法,也正在不断创新。

饮食生活方式,也正在不断被改写。

在这个不断变化的时代背景下,作为卖方的我们,应努力站在消费者的立场,在卖场中积极尝试各种创新挑战,不妨试试"如果这样做的话,可能会……","若以这个方面作为卖点切入,展开销售的话,可能会……"等。

也可以说,我们已经进入了一个应重视销售现场中,那"灵光一闪"的崭新时代。

第 3 章

实现"可视化"的秘诀

——打造"鲜度""品质""美味"
　"应季""品类"的"差异化"

"我认为,在什么都没做之前就选择放弃,那就是懒惰。"

(太宰治)

品类上"差异"的可视化

在指导咨询工作中,我经常会对客户强调,关于商品的"品类",需要从两个维度进行考虑。

一种维度是从商品品类的宽度来考虑,也就是,商家备齐各种类的商品,并通过在商品种类上实现差异的可视化,打造商品的**"多样化"**。

另一维度是,不单纯追求商品品类的"宽度",而是在商品品类深度的差异上,进行可视化处理,以展现对商品品类的深度挖掘。

尤其是对那些卖场面积相对较小、无法凭借丰富饱满的商品品类打造可视化的门店,我的建议是,可以通过展示商品品类"深度"的方法,对商品"差异"进行可视化。

下面请大家看**图表**4,这是我自己绘制而成的"商品营销MD(Merchandising)矩阵"图,接下来,我将结合这个图表进行具体说明。

在图表 4 中,纵轴表示商品的"品质/价值",横轴表示商品的"价格"。

图表4　水元流 商品营销MD（Merchandising）矩阵

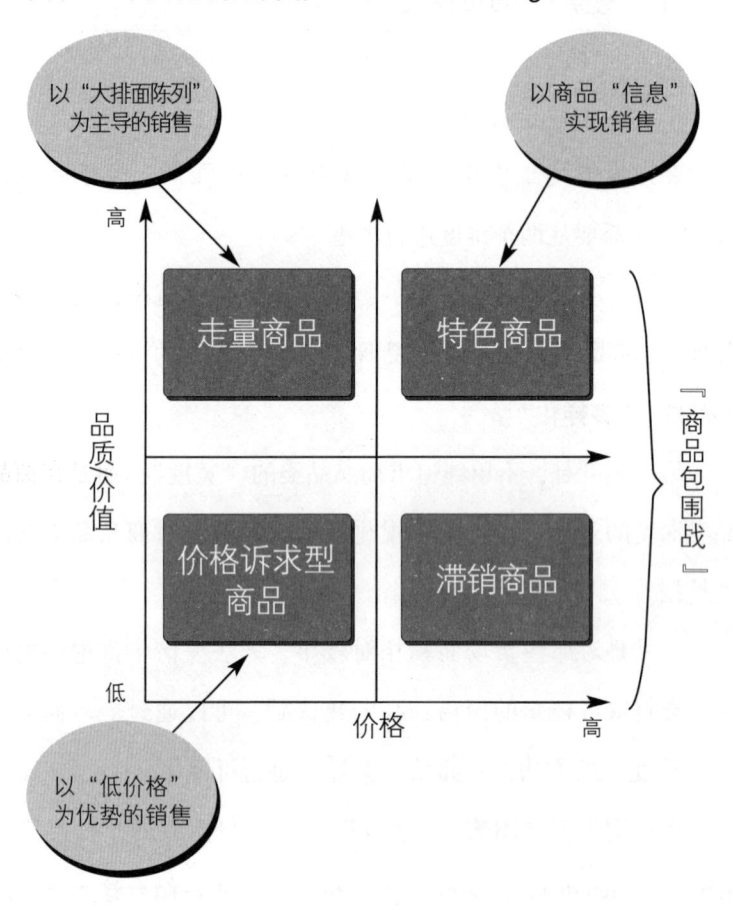

以"大排面陈列"为主导的销售 → 走量商品

以商品"信息"实现销售 → 特色商品

品质/价值（高/低）

价格（低/高）

走量商品	特色商品
价格诉求型商品	滞销商品

右侧：「商品包围战」

以"低价格"为优势的销售 → 价格诉求型商品

092

首先，对那些"品质/价值都比较高，价格也因与其呼应，而定价较高的商品"，我称之为"特色商品"。

这类特色商品，必须是以其他竞争企业所不具备，且顾客在品尝后会认可其价值的商品。以此作为大前提，还需要搭配"信息/咨询"广告宣传来展开销售。

接下来，是那些"品质及价值都比较高，价格却格外便宜"的商品。

我称这类商品为"走量商品"。走量商品深得顾客的支持和喜爱，所以销量会持续增长。

走量商品也是最能保障"毛利额"的商品。所以，在销售此类商品时，应尽量扩大陈列排面，以提高顾客对商品的视觉辨识度。

最后一类商品，是指那些"价格绝对便宜，品质和价值也说得过去"的商品，我称其为"价格诉求型商品"。

价格诉求型商品是根据每日低价（EDLP，Every Day Low Price）策略来展开销售。前提是，必须确保商品的价格与其他竞争企业持平或者更低。

综上所述，图表 4 中的各类商品，分别通过不同的竞争策略与竞争店开展"商品包围战"，而这就是"商品营销 MD 矩阵"的战略思路。

如果商家能按照上述战略执行，即便是卖场面积不及竞争店的小型门店，也能够凭借品类上"差异"的可视化，打造出自身的竞争优势。

对于中小型超市来说，还有几种效果显著且能立即见效的"可视化"方法。

那就是，在商品"鲜度""品质/美味""应季/需求"这三个方面，打造"差异"的"可视化"。

鲜度上"差异"的可视化

卖场中的商品若能在"鲜度"上实现差异的可视化，就能直接构成门店在差异上的可视化，所以商品的鲜度管理成为打造差异化中非常重要的因素。下面我将向大家传授，在与其他竞争店的鲜度差异上，如何展开可视化的具体方法。

请各位看**图表5**，这是我称之为"超级鲜度"的一种战略。

所谓"超级鲜度"，是指超市商家在生鲜商品的鲜度管理上，为了增加对顾客的吸引力，打造出的一种远超顾客感官所能认知的新鲜度。

比如，通过实施下面的方法来打造商品的"超级鲜度"。

①散装蔬菜的限时销售

图表5 "超级鲜度"战略

a. 什么是"超级鲜度"

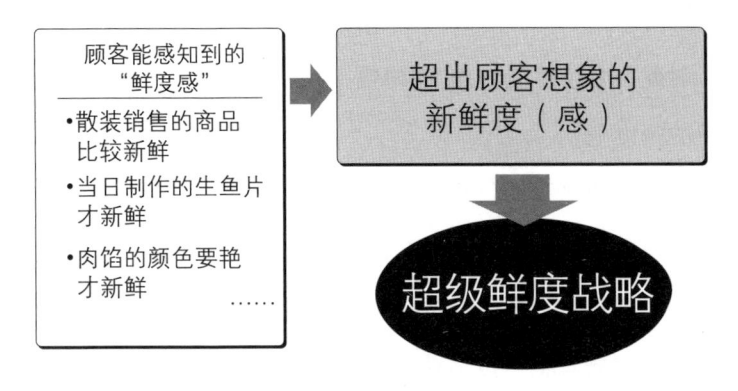

顾客能感知到的"鲜度感"
• 散装销售的商品比较新鲜
• 当日制作的生鱼片才新鲜
• 肉馅的颜色要艳才新鲜
……

→ 超出顾客想象的新鲜度（感）

↓

超级鲜度战略

b. 打造"超级鲜度"的具体方法

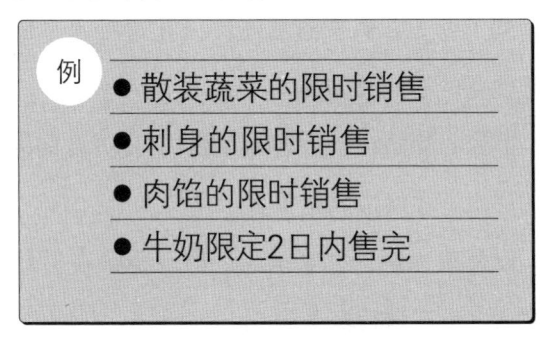

例
- 散装蔬菜的限时销售
- 刺身的限时销售
- 肉馅的限时销售
- 牛奶限定2日内售完

②刺身的限时销售

③肉馅的限时销售

④牛奶限定2日内售完

等等。

对此,各位可能会想:"即便不做到那样的程度,也能保持商品的鲜度吧?"

但是,如果我们仅满足于商品维持在通常鲜度水平,就无法实现与其他门店在"差异"上的可视化。

的确,在10年前,只要把生菜以散装形式进行销售,生菜就可凭借"新鲜感"成为热销商品。

用冷盐水处理过的鲜鱼也可以依靠"新鲜感"畅销。

但是,到了今天,倘若商品还停留在这种水平的话,将无法形成与其他竞争店的"差异"。

因此,商家必须站在"顾客的立场",把鲜度的标准提升到一个更高的层次,才能形成竞争力。

那么,以蔬菜为例,大家认为,散装蔬菜在射灯照明下售卖时,鲜度通常可以保持多久呢?

答案是,至少可以保持3小时。

这样的话,为了打造"超级鲜度",我们就采取"3小时限时销售"。

刺身也是同样,需要提高鲜度标准。

比如，午餐销售用的刺身需要在上午加工完毕，而用于晚餐销售的刺身在傍晚时才开始加工。并且，在中午和晚间都以正价，分别开展 5~6 小时的限时销售活动。之后，对于那些未能销售出去的刺身，再以降价打折的方式全部出清。

那么，对于肉馅商品的"超级鲜度"，又该如何打造呢？

通常，肉馅搅拌机在工作时，其机身内部会达到 100℃ 以上的高温状态。而由于在肉馅加工过程中，生肉必须通过高温搅拌机，所以会导致肉馅的鲜度快速下降。

既然这样，我们就开展 5~6 小时的限时销售。这样一来，就能使那些晚间来店的顾客，也可以买到与上午开店时同样鲜度的肉馅。

此外，如果卖场中摆放着三种不同保质期的牛奶商品时，试问：会有顾客选择临近保质期的牛奶吗？

当然不会。那么，我们就在卖场中只陈列两种保质期的牛奶，然后对前一天的牛奶商品，按降价 10~20 日元进行促销，就能很快售出，也因此降低了商品的损耗。

总之，以上介绍的技巧，绝不是没有内涵的简单作秀。而是一种真正实现更高水平鲜度管理的招数。

实际上，如果商家能在卖场坚持运用"超级鲜度"，必将赢得顾客的高度认可和支持。

当然，在实施"超级鲜度"这一战略时，尤其是最初的导入阶段，损耗率难免会出现升高的现象。

但是，一旦鲜度管理形成常规化，损耗率将完全不再升高。

不如说，很多门店的损耗率反而会下降。

这是因为，"商品折扣的幅度减少"的同时，"提高了订货与商品上架的精度"。

具体说，通过缩短销售期限（时间），使过去需要贴上"半价"标签甩卖的商品，现在贴上"八折"的标签就可以售出。

相当于比定价只便宜"10~20日元"，就可销售出去。

所以，从结果上看，损耗率反而会下降。

不仅如此，由于销售期限（时间）的缩短，门店在订货时，需要比以往更注意订货量的准确性，对上架的商品数量也需要更加谨慎。

因此，随着门店不断提高门店订货/上架数量精度，损耗率也就开始下降。

不仅如此，最大的变化是，由此提高了"销售额"，销售额的数字不断被刷新。

为什么我对这一战略如此自信呢？那是因为超级鲜度战略在实践中的成功率，达到了100%。

品质/美味上"差异"的可视化

接下来,我将为大家介绍如何实现在商品"品质和美味"方面的可视化。实际上,若想实现商品这方面特性的可视化,可谓极其困难。

因为对于那些"强调品质和美味的商品",如果仅简单地摆放在货架上,从顾客的感觉来说,无非是"高价商品"而已。

不过,正因为"打造高品质和美味的可视化"非常困难,所以一旦商家成功实现了可视化,就可向顾客非常明显地展现出,与其他竞争店的"差异"所在,这样才能从同质化竞争中脱颖而出。

接下来,我将通过具体案例,为大家推荐几种常用的可视化方法。

①通过"故事营销POP"实现可视化

请参考照片6~11,这些均是在卖场中实际运用"故事营销POP"的成功案例。而这些案例的共性,就是借助POP广告这一有力工具,打造出了商品"品质和美味"的可视化。

照片6 土用丑日（鳗鱼日）①所使用的"故事POP"广告。凭借着这极具吸引力POP的广告，创下了"精品鳗鱼蒲烧"的热销奇迹。

照片7 由于是手写的POP广告，更容易产生亲和力，带给顾客温馨感动。

---

① 土用一般指立秋之前的18天，日语中丑日的发音和鳗鱼的发音相似。日本人认为夏天吃鳗鱼能够补充体力，因此土用丑日也被称为鳗鱼日。

100

第3章 | 实现"可视化"的秘诀

照片8 借助"销量排行榜单"与"故事POP"的搭配组合，展示出商品的特性。力求在"吸引顾客购买的商品卖点"的内容上丰富多彩。

照片9 "盂兰盆节"期间，作为馈赠礼品的当地土特产商品，配上POP广告，销量竟达到以往的3倍之多。

101

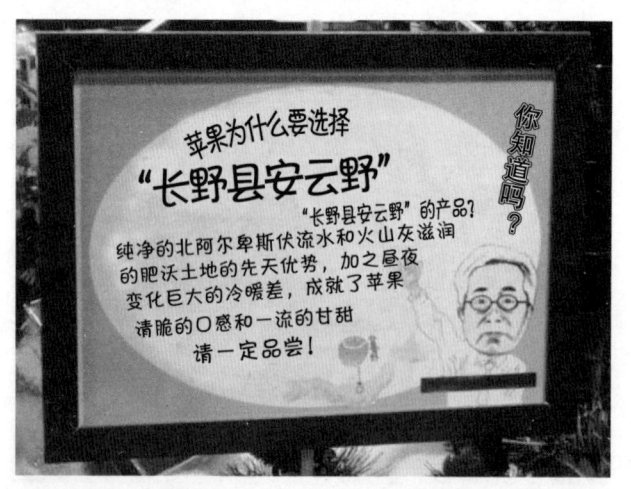

照片10 将采购员的专业知识通过POP的形式，制作成"故事POP"，成了被顾客高度认可的POP。

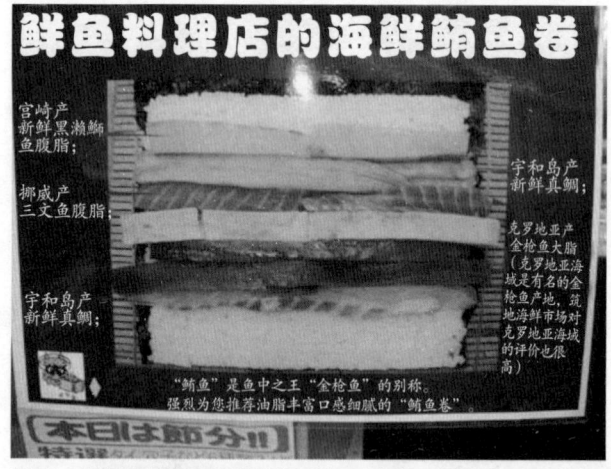

照片11 "节气"期间限定销售的惠方卷①POP广告。1根售价1000日元的惠方卷，人气爆棚实现了热卖。

---

① "惠方"是"福神"到来的方位，每年都不同，在节气当日面向惠方方向吃惠方卷会有好运。惠方卷是一种较粗的手卷寿司，里面所夹食材可以根据顾客喜好而变换。

102

我们知道，对于商品在味道及品质上的优势，只能通过附着在商品上的**"信息"传递**，以引起顾客的注意。

众所周知，那些"美味且品质优良的商品"，在售价上必然会较高。

而相对于用高价来凸显商品的优势，不如借助"信息"传递，通过商品在美味和品质上的差异特色来吸引顾客，这样不仅能提高商品的宣传力，还能提升门店整体的营销力。

②通过"试吃比较"实现可视化

虽然我们在卖场中经常能看到各种免费试吃活动，但是，运用试吃比较的方式，也就是将那些"以高品质/美味为卖点的商品"同"普通商品"，进行直观上试吃对比的超市，往往并不多见。

其实，这种"试吃比较"是一种最简单的，能使顾客直观感受"品质和美味"的可视化方法。

特别是对于水果类、海鲜类、精肉类、熟食类等，仅靠外观很难看出区别的生鲜类食品，若门店能有效运用这种"试吃比较"的售卖方法，相信销量涨幅会非常明显。

可以说，对于以前那些卖不动的"高品质/美味"商品，商家只要运用这种试吃对比的销售方法，就能亲眼见证商品从卖不动到卖得动的华丽转变，转眼间就成为畅销商品的事实。

③打造"销售员的推荐信 POP"的可视化

下面请大家参考照片 12、13，这是"销售员的推荐信 POP"的实际案例。可以看到，在 POP 的宣传广告中，包含了销售员本人的头像照片、所在部门、姓名，以及销售员手写的介绍商品特性的推荐信等各项内容。

除此之外，销售员还将本人品尝商品后的感想，也通过文字形式传达给顾客。

这种直观的做法，体现出了商品在"品质和美味"的可视化。若商家能有效运用这种手写的 POP 广告，相信卖场会发生显著变化，同时那些原本卖不动的商品会瞬间转变成热销品。为什么这样断言，是由于销售员通过 POP 广告，将自己的"推荐理由"如实传达给了顾客。也正因为这一"推荐理由"引起了顾客的共鸣，从而触发了顾客的购买行为。这正是"故事营销"的终极追求。

强化"故事营销"，才能提高门店的经营力与商品力

"××商品，应季热销中！不可错过！"

在卖场中，使用类似这种 POP 广告和促销标签贴的超市商

第 3 章 | 实现 "可视化" 的秘诀

照片12 销售员将商品的 "推荐理由" 通过手写POP，传达给顾客。

照片13 由于是手写的POP，所以更能吸引顾客的视线，不知不觉中提高被顾客看到的概率。

105

家，可以说随处可见。

但令人遗憾的是，对于这种时令商品的营销套路，大部分顾客并不买账。

而且，无论怎样，这种老套的宣传技巧很难称得上是"专业卖家"的方法。

若是"专业卖家"，至少应达到这样的程度，也就是通过POP广告，明确传达出"当季是从什么时候开始，到什么时候结束"，还要明确提示出"当季中这个时期的口味最佳"。以此来引起顾客的注意，进而激发购买的欲望。

此外，比如说，每年夏季的盂兰盆节一过，各家超市都会同时推出"日式什锦菜饭"① 促销海报。

一到了冬季的2月，超市宣传海报上的标题，又会齐刷刷地都变成"品尝春天的滋味"。

难道，大家对这种缺乏新意、因循守旧的营销套路，就从没有过任何疑问吗？

"这种沿袭过去的做法，真的还能顺应当今顾客的需求吗？"

之所以这样说，是由于日本近年来的气候环境，受"地球温暖化"等因素影响，气温和四季已经发生了明显的变化。

尽管外部环境发生了改变，商家促销海报的模板，却是几年，甚至几十年都依旧固守传统，未能做出任何调整和改变。

---

① 什锦菜饭是指将鱼、肉、蔬菜、佐料等放入米中，一起蒸煮出的米饭。

今天的现实情况是，盂兰盆节后的气温还处于 30 多摄氏度时，炎热的天气中会有人想吃什锦菜饭吗？

同理，正处于严寒冬季时，又有谁会愿意吃生冷的蔬菜沙拉呢？

如果商家能注意到这些外界环境的变化，就可打造出"应季和顾客需求"上"差异"的可视化。这样的话，不仅可起到爆引客流的作用，还能使那些卖得动的商品变得更加畅销。

接下来，重点说明一下"故事 POP"。所谓"故事 POP"中的"故事"，是指五个方面的故事信息，为使大家充分领会其要领，请看**图表 6**。

实际上，目前大家在门店中普遍运用的"商品介绍信息"，并不能被称为真正的"故事 POP"。

比如，商家在宣传生菜用的 POP 广告上，通常是怎样描述的呢？

不过是"做蔬菜沙拉之用……"类似的广告词吧。

同样，在鲣鱼的商品宣传语中，通常也只写着"作为刺身用……"，不是吗？

类似这样的商品信息，只能被顾客当作"谁都知道"的常识。这样缺乏新意的商品宣传，即便让顾客看到也不能打动顾客。

也因不能拨动顾客的心弦，所以无法激起顾客购买的欲望。

图表6 "故事POP"所包含的5大要点

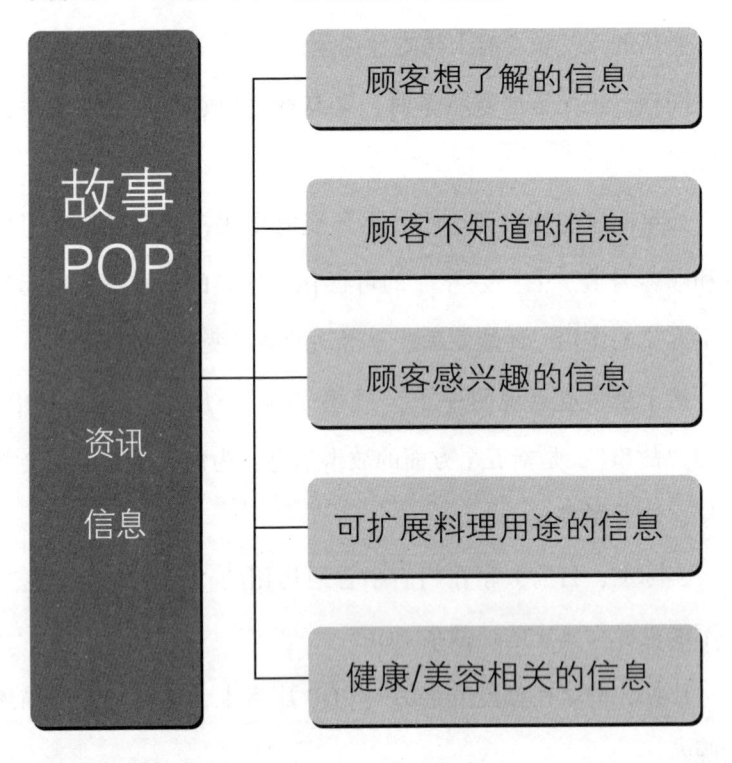

故事POP 资讯 信息
- 顾客想了解的信息
- 顾客不知道的信息
- 顾客感兴趣的信息
- 可扩展料理用途的信息
- 健康/美容相关的信息

那么，如果我们换一种思路，比如说用这样的方法来撰写商品信息。

·生菜……做蔬菜沙拉时剩下的生菜，切碎放进炒饭中，味道会特别鲜美哦。

·鲣鱼……切成薄片后，拌上蔬菜，再配上调味汁，做一份鲣鱼蔬菜沙拉，怎么样？营养又健康！

也就是说，当类似这样的商品提案信息被呈现在顾客眼前时，顾客会发出这样的惊叹，"啊！原来是这样！""还有这样的烹饪做法啊！"。这样能唤起顾客注意，引起顾客"共鸣"的信息，我们才能称之为 **"故事POP"**。

反之，若在POP上只标明那些顾客视为理所当然的常识信息，就不能被称为"故事POP"。

试想一下，如果在我们的店内，摆放着各种对顾客产生刺激及引导性信息的POP广告，诸如：

"顾客可能会感兴趣的内容"

"顾客想读读看的信息"

"顾客想买来试试看的介绍"

等等写有这样信息的"故事POP"，相信我们的门店会发生戏剧性的转变，原本不好卖的商品一跃变得畅销，销售数量也必然会直线上升。

综上所述，这就是我在本章的标题中强调，"唯有强化故事POP，才能提高门店的经营力和商品力"的真正原因。

如上文所述，仅仅是POP广告那"一张纸"的距离之差，最终呈现出来的结果却天差地别。

除此之外，还有一点需要强调的是，通过学习制作"故事POP"这项技能，还能出其不意地对另一方面起到显著的提升。

那就是，负责人的"知识"与"热情"。

对此，我一贯主张，**"学习绘制故事POP，是最佳的现场培训方式（OJT）"**（OJT：On the Job Training。在工作现场，上司和技能娴熟的老员工，对下属、普通员工和新员工们，通过日常的工作，对必要的知识、技能、工作方法等进行教育培训的一种方法）。

虽然是最佳的培训方式，但在导入初期，总会遭到负责人的反对。

尽管如此，明知他内心百般不情愿，我还是坚持执行，结果是，负责人对顾客的反响之大非常震惊，进而衍生为"感动"，随后身先士卒，也就是从最初的消极应对，变成积极主动去制作"故事POP"。

这样一来，门店的销售业绩自然"直线上升"。

明天就能用上的"傍晚二次开店"，打造"差异"可视化上效果显著

除了上面介绍的"故事POP"，还有几种实现"差异"可视化的方法。

首先，为大家介绍的第一个方法是"傍晚的二次开店"。

在过去，大部分门店的营业时间都是从上午 10 点开店，直到晚上的七、八点关门。

然而，在今天这个时代，门店的营业时间不仅不断被延长，随之而来的是，"销售高峰"的时段也悄然发生了变化。

特别是，"一天内的第二波销售额高峰"的时间逐渐呈现出延后的趋势。

在过去，第二波销售高峰通常出现在"下午 3 点"，而如今很多门店都在"下午 4 点以后"才进入高峰。

对于这种现象，我经常会对客户这样解释：

"两次销售高峰的客群来源不同，对于上午第一波销售高峰的客流，是借助总部的促销海报来实现引流；傍晚时的第二波销售高峰，是依靠门店自身的实力（经营策略）来吸引客流。"

具体来说，从开店起到早高峰来店的客群，是那些我们称之为"Cherry Picker"的消费群体，大多是为了购买海报促销商品及追求食材的新鲜，而选择上午来店。

也就是说，这一消费客群的特征是，将"价廉"及"新鲜度"作为购买动机的优先级来考虑。

选择从第二波销售高峰到关门这一时段来店的消费群体，他们的购物动机是以"多品种""新鲜度""方便即食"为优先级。

尽管一天内存在两波完全不同的客群，但依然有很多超市企业，只重视"上午10点开门时的货架丰满"，忽视了晚高峰客群的消费需求。

　　鉴于上述事实，我主张商家有必要实行"傍晚的二次开店"，换言之，就是"在傍晚这一时段内，为迎接第二波顾客群体，在商品丰满度、新鲜度及卖场标准维护上，如同再次开店一般，与上午开店达到同一水准"。

　　那么，请看**图表7**，通过"傍晚二次开店"的一个实际案例，来向大家介绍具体的实施方法。

　　如果是生鲜部门，可采取以下措施。

- 在蔬果陈列平台上，将原来散卖的蔬菜替换成傍晚刚经过苏生处理的新鲜蔬菜。
- 摆放出傍晚时刚切好的鲜切水果。
- 陈列出傍晚才加工好的新鲜刺身。
- 陈列出傍晚时才搅拌好的新鲜肉馅。
- 推出刚切好的生牛肉片（牛肉 TATAKI[①]）和马肉刺身等新鲜肉品，并强化突出"为了工作繁忙的顾客，我们专门提供傍晚✕点以后刚做好的食材"，以类似这样的宣传语，来吸引顾客的注意力。

---

　　① 将食材表面略微炙烤，使之达到轻熟，而食物本体依然保持生鲜状态的一种烹饪方法。

图表7　下午4点后的二次开店

a. 为什么要进行二次开店？

> ●销售额的第二波高峰出现在几点？
> ●现在的营业时间与20~30年前完全不同

b. 为了实施"下午4点后的二次开店"可采取的措施

> 例如
> ●换成晚间新鲜的散卖蔬菜
> ●现制的鲜切水果
> ●卖场的标准维护管理
> ●现制的调味鱼肉料理
> ●现制的熟食菜肴
> ●刚切好的生鱼片

也就是通过傍晚时段刚加工的商品，来强化商品的鲜度，达到"二次开店"的效果。

如果是熟食部门，可以采取

·将白天以便当和米饭为主打的品类，替换成以晚餐菜肴为主的品类。

·重点强调熟食中晚餐菜品的"现制商品"的可视化（在商品上架时，有效利用店内广播宣传/通过粘贴写有"现制"的商品标签，营造新鲜出炉的氛围）。

等举措，也就是说，熟食部的卖场通过推出不同品类的商品，来实现"傍晚的二次开店"。

最后，再介绍一下食品杂货部门的做法。

·通过商品向前移动、端架及陈列平台的手动理货工作，百分之百地营造出陈列整齐的卖场。

也就是，食品杂货部要维护店面形象，以实现"二次开店"。

除此之外，还要配合傍晚高峰时段，开展"免费试吃""现场演示促销"（参考下节内容）等，在商品营销上实现"二次开店"。

当然，想确保傍晚的二次开店的顺利实施，不仅需要调整"倒班作业内容"，还需重新搭建"人员的工作计划安排"。

一旦顺利实施，就能创造出"另辟蹊径，别有洞天"的销售奇迹。

试想，竞争对手在"低成本运营"战略的影响下，虽然在运营上降低了成本，但会导致傍晚的卖场处于无人维护的杂乱状态。

相比之下，您的门店如果如同再次开业一般，在卖场中摆放出那些"刚做好、刚切好、刚摆好"的新鲜商品，并配上故事POP广告进行可视化，俨然可以呈现出井然有序的卖场环境。

再加上，店内广播中不断传来的限时特卖的促销信息，配合一些类似在顾客面前现场表演切西瓜的售卖活动。

也就是，通过新鲜的商品及营销氛围，实现生动活泼、轻松愉悦的"二次开店"。

如果商家能连续三个月实行傍晚的二次开店，将会出现怎样的结果？相信会受到顾客的追捧，顾客购买行为也会随之而变。

接下来的工作，只需把"倒班作业""操作流程""重新优化"等内部问题，逐一解决即可。

若能够成功实现"傍晚的二次开店"，相信门店的销售额会取得爆发式的增长。

之所以这样说，是由于现在超市中销售额的一半贡献，都来自晚间高峰期之后的销售。

可谓一举两得!"现场演示"还有优化操作流程的新功效

我还提倡运用另外一种打造"差异"可视化的方法,那就是"现场演示销售"。

简而言之,就是在顾客面前,销售员通过演示"现场切制""现场加工""新鲜出炉"等方法,推销商品的一种方式。

大家可以想象一下日本大城市中的"百货店地下食品馆"[①]的营销氛围,这样可能更容易理解这种现场演示的售卖方式。

那么,为什么这种销售方法能创造出惊人的销售业绩呢?

这是由于,现场演示是一种能刺激人的"五感"的销售方法。

众所周知,人的五感,也就是视觉、听觉、味觉、嗅觉、触觉,由于这五种感官与人的大脑直接相连,所以若能成功刺激五感,就能提升顾客内心"想要购买"的欲望。

对此,我们用现场销售西瓜的案例来进行具体说明。

[①] 百货店地下食品馆是指在日本的百货公司地下一楼,一般都是一个网罗各种美食的巨大食品商场。伴随着人们生活方式的改变,百货店地下食品馆也在熟食副食、便当、生鲜食品、甜点以及酒类等方面,不断满足顾客的需求。

假设促销员正在顾客眼前，现场演示切西瓜的售卖活动。

首先切瓜的一瞬间会发出清脆的**"声音"**。

接着，空气中会弥漫西瓜特有的**"清香"**。

然后，视觉上直接看到西瓜断面的**"鲜度"**。

为顾客提供试吃时，还能让顾客感知到西瓜香甜可口的**"美味"**。

现场演示销售对五感的充分刺激，激起了顾客的购买欲望，所以相比那些"只摆放在货架上"的普通卖法，在销售额上能达到 5~10 倍的惊人业绩。

由此可见，通常被人认为"现场演示销售=经营效率低"，实际上却是"现场演示销售=经营效率高"。也就是说，从投入产出的角度来看，现场演示销售是一种以更小的成本创造更多价值的销售方式。

然而，在卖场中实行"现场演示销售"的最初阶段，会遭到负责人强烈的"抵抗"。

"本来门店就已经在想尽办法降低劳务时间及员工人数，以节约经营成本，根本不可能有精力去做那些现场演示销售。"

"即便做，也是让顾客免费试吃了而已，最终只会增加损耗。"

"傍晚的工作本来就很繁忙。又要订货，又要打扫卖场，要做的工作实在很多。"

总之，卖场中充斥着各种抱怨，这样那样的声音此起彼伏，不绝于耳。

当然，作为负责人，尽可能"不想做那些耗费精力的演示销售"，这可以理解。相对而言，只要将商品简单陈列在货架上，并能让顾客看到而随手买走的话，应该没有比这更轻松的方式了吧。

但如果仅依靠常规的货架摆放来进行销售，就不可能指望销售额实现"爆发式"增长。

那么，如何才能顺利实施现场演示的销售活动呢？

首先需要改变原有的"卖场作业计划（作业分配）表"的填写方法。

并且，在导入"现场演示"的最初阶段，将"演示销售"所用时间记录备案。随后，将这部分时间分摊到其他的标准化作业当中，也就是，通过有效缩短其他工作的时间，来确保现场演示销售的顺利实施。

采用这种方法，实际上会带来两大益处。

第一大益处，因已经规划到日常工作计划中，所以当然每天都能在卖场中，按计划执行现场演示的销售活动。

还有一个益处，就是能实现"工作的简单化及效率化"。

而实际上确实能起到这样的功效。这是由于，负责人必须每天在卖场中，确保有 1~2 小时的现场演示销售时间。即便内心非常不情愿，也必须重新调整原有的工作内容，而为了减少其他工作所花费的时间，不得不考虑如何消除那些多余的工作。

可以说，现场演示销售的实施，可以带来预料之外的效果。

综上所述，"现场演示销售"不仅能实现销售额的暴增，还可以起到优化作业流程及提高效率的功效，可谓"一举两得"。

尽管我们都知道，任何改变在开始之初都会引起抵触排斥。

但反过来说，如果是没有任何抵抗的改变，大多也不会成功。往往是抵抗的力量越强烈，一旦尝试做下去，反而会更容易创造出惊人业绩。

"这是和自己同样土生土长的农产品啊"，因此油然而生的安心感

接下来，为大家推荐运用的另一种打造差异的可视化方法，也是与前面介绍的"傍晚的二次开店"和"现场演示销售"同等重要的方法，那就是**"地产地销"**①。

---

① 由日本农林水产省在1981年首次提出，是"当地生产当地消费"的省略语。鼓励消费者尽可能消费当地或附近产地的农产品，既有利于保持食品鲜度，还可以降低运输成本，减少能源消耗。

而地产地销，作为当今集客效果最强的营销战略，我强烈推荐给那些地方性的超市企业，并希望它们灵活运用这种本土特色的战略，以形成差异化竞争。

特别是在蔬果部门中，通过实施"地产地销"这一战略，可起到非凡的效果。

若能在卖场中开展类似"必买！本土农夫特卖区"，具有本地农产品特色的地产地销战略，我99%确信来客流会爆发式增长。

我之所以能如此自信地断言，是由于迄今为止导入这一战略的企业，无一例外大获全胜，我可以自豪地说，成功率达到了100%。

不过，作为实施这一战略的前提条件，需要重点强调的是，"门店所在的商圈"与"农产品的生产者们所聚集的地域范围"必须相一致。

原因在于，当顾客了解到"这些蔬菜和水果都是来自居住地的本土特产"时，会从心底不由得产生一种"安心感"。

"这些都是和我一样土生土长，在同一片蓝天下，呼吸着同样空气的农产品啊……"

"这竟是我认识的那位农民伯伯种的菜啊……"

也就是说，这种本土气息所带来的熟悉和亲切感，会发挥非常大的作用。

通常来说，无论卖场怎样大张旗鼓地张贴出蔬菜生产者的头像照片，对顾客而言，那些未曾见过也从未聊过的人，即使看到照片，也不会有一丝的感动。

相反，如果在卖场中呈现出，顾客见过或者曾打过招呼的生产者本人头像，顾客就会容易被感动，不由得涌现出亲近感，自然也会对商品产生安心感。

"地产地销"这一战略，获得巨大成功的另一大关键原因是，避免了通常那种从市场进货的"买断"方式，而最终由门店来主导定价。

因为，若由超市方面决定商品的价格，就会不由自主地与市场上同类商品进行价格比较，而容易设定出较高的售价，进而导致商品"价廉"的魅力大打折扣。

所以，关键之处在于授权给那些提供农产品的生产者，由他们自己来制定售价，甚至连商品的POP及宣传卡片也都委托他们亲自书写。

如能采用这样全权委托的方式，就会出现不可思议的现象，那就是生产者们绝不会给自己的商品定出高价，而是设定成相当"实惠"的售价。

之所以会这样定价，是因为对农户来说，相比于获取利润，能让"顾客买得开心"所收获的喜悦更大。

此外，作为"地产地销"战略中最重要的一环，就是开展**"只卖一天"**的限时销售。

这是为了强调商品在鲜度上的绝对性优势，以"可视化"的形式呈现给顾客。

若再配上类似这样的促销信息，"今早刚刚采摘的新鲜蔬菜，只卖今天一天，绝不隔夜"的话，就会形成非常大的"震撼力"。

而且，因限定1天销售的紧迫感，也会促使参展的生产者们为了实现"当日售罄"，而设定出实惠的价格。

这样一来，卖场凭借"地产地销"的限时销售战略，营造出极具魅力的购物氛围，"这家店的蔬菜既便宜又新鲜"的好评，自然会广泛传播于街头巷尾中，而口碑营销最终会带来客流的剧增。

另外，有可能的话，每家门店尽量招揽100家以上的生产者来参与农夫特卖活动。尽管农户的招商过程可谓千辛万苦，但若能实现农户的大荟萃，必然会带来吸客的爆发力，使门店赚得人气和销量。

"地产地销"，应实现"情感纽带"的可视化

实际上，"地产地销"作为大型连锁店也经常运用的战略，不应仅局限于蔬果部门，特别是对那些地方性超市而言，所有

部门都应有效运用这一战略，这点至关重要。

而在出展合作商户的选择上，可甄选类似这样的特色小店。

比如，那些面积虽小，却好评如潮的和式点心店及豆腐屋。

还有，老婆婆手工精心制作，每日数量有限的魔芋等等各种富有地方特色的小店。

可以说，这些具有地方特色的"专业店"，虽无法进行大批量生产，却一直默默地支撑着当地的乡土文化，也正因为是根植于所在地区的超市，这些小店的独特魅力才能被真正了解。门店通过与这些本土小店合作，以地方特色的商品形象，才能形成"独家专卖"的差异化特色经营。

然而，如果一开始就大张旗鼓地开展"地产地销"活动，容易造成失败。

在此，我给出的建议是，先尝试从一家店做起。

接下来，既然决定实施这一战略，就要在"本土脚下的商圈"范围内，努力找寻那些具有特色的生产者、厂商、专卖店。

在打造门店时，需要以聚齐地方所有特色的产品为目标，包括农产品、水产、日配、糖果（日式/西式）、点心等，而且需涵盖门店的所有部门，以彻底实现聚齐全品类的本土特产商品。

这样一来，才能真正打造出本土生产者与本土消费者，在"情感纽带"上的可视化。

但如果仅是持有"因为其他超市也在做，所以我们也试试看"这种心态，只是简单开设 1 个 12 尺（约 3.6 米）长的陈列平柜，作为"本土特色商品专区"，或是设置一个"本土的日式点心屋/面包房主题区"，也就是仅停留在这样简单程度的话，恐怕难以获得成功。

总之，"地产地销"战略的精髓在于，借助本土特产商品这一媒介，来达到建立生产者和消费者之间"情感纽带"的目的。

而一旦有效实现这一战略，与其他竞争对手间的显著"差异"就能清晰可见，必然也能激发门店自身的经营活力。

靠业态理论就能赢的时代已经终结

众所周知，在"来客数的计算公式"中，

$$来客数 = 老顾客 \times 来店频率 + 新顾客$$

大家仔细研究一下这个公式，就能理解我想说明的问题。

当周边出现竞争店时，为什么会导致来客数的减少呢？

这是由于"老顾客的来店频率减少了"。

所以说，周边出现竞争店时的最有效对策，就是采取行动来提高老顾客的来店频率。

但现实中，依然充斥着诸如此类的声音：

"我们企业/我们门店的业态就是这样的特点。"

"作为超市业态，就应该是这样。"

正是拘泥于所谓的"业态理论"①，才导致超市商家停止思考。对于那些最基础层面，也就是在理解"来客数的公式"的基础上，寻求具体解决对策方面，过于怠慢而不能做到深度思考。如今很多超市企业难道不是陷入这样的情况中了吗？

如果商超企业还像从前一样，反复延续着顾客早已司空见惯的做法，诸如"果蔬特卖日""水产特卖日""精肉特卖日"这样老套陈旧的促销活动，已经很难起到吸客的作用。

在十年前，由于那时学习并实践"业态理论"的企业相对较少，仅凭所谓行业的"原理原则"，就能实现在行业中的"独占鳌头"。

可到了今天，无论哪家企业，对这些"原理原则"，都会在某种程度上开展学习并深入理解，而且能将理论灵活运用到门店的实际经营活动中。

所以说，仅靠大家都知道的行业理论，门店与其他竞争对手的"差异"会无从体现。

---

① 业态理论是指针对特定消费者的特定需求，按照一定的战略目标，有选择地运用商品经营结构、店铺位置、规模、价格政策、销售方式等经营手段，提供销售和服务的形态理论。

125

若想在残酷的竞争环境下存活下来,就需要构建超越对手的"某种制胜方法"。

那就是打造"差异"上的"可视化",而这种方法是我通过长期在现场的研究得出的结论,并对此坚信不疑。

也就是说,在今天竞争激烈的时代背景下,超市应采取的战略,既不只是"低价销售",也不只是"店铺升级改造"。

而是打造"差异"上的"可视化",这才能称为最大最强的**"战略"**。

而且,战略的关键之处在于,如何将与其他竞争企业的**"差异"**有效地传达给顾客。

若构成核心竞争的**"差异"**,不能被顾客识别,就只能被归结于"自我满足",最终也就无法实现我们想要的结果。

总而言之,我们必须始终站在顾客的立场,打造与其他店在"差异"方面的可视化,只有这样,才能在竞争中脱颖而出,这一点至关重要。

不能依赖"低价"上"差异"的可视化

可以说,在本章中,到目前为止,没有涉及任何有关"低价"的竞争策略。

正如大家所知，前文介绍的各种策略，也是凭借"可视化"，就能充分实现差异化竞争。

以"低价"来打造"差异"的可视化，会涉及企业经营战略相关的问题，实现起来往往比较困难。

的确，对于打造"低价"的可视化，有几种常用的方法。如下所示。

①通过按不同部门大胆设定"混合加价率"，在那些具有集客功能的部门，在低价方面实现与竞争店差异的可视化。

②在属于非生活用品的蔬果、水产、精肉这3个生鲜部门，实现低价上差异的可视化。

③通过"每日低价（EDLP）"，或是促销海报开展"高/低价（High&Low）"的战略选择，实现低价差异的可视化。

接下来，我将分别按不同部门进行更具体的阐述。

・在蔬果部门中，通过"设置本地生产者自营区"和"进货市场的差异"，打造"低价"的可视化。

・在水产部门中，通过"进货市场渠道的不同"，打造"低价"的可视化。

・在精肉部门中，通过"肉品等级排序的选择"［比如，牛肉可分为和牛肉、F1牛肉、荷兰奶牛肉（Holstein）、进口牛肉]，打造"低价"的可视化。

·在食品杂货部门，通过加入自由连锁组织①等方法，开展"企业联合采购"的方式，实现"低价"的可视化。

·在日式日配部门，通过与本土工厂建立"制贩同盟"的关系，实现低价的可视化。

等等各种方法。

然而，这种"低价"的可视化方法，由于今后一定会受"资金实力"强弱的影响，大型连锁企业暂且不论，对于那些立足于地方发展的中小超市企业而言，不建议采取这种靠低价取胜的经营策略。

相反，今后的存活之路，只能靠"摆脱价格战"的战略。

之所以这样断言，是因为对超市来说，"低价"确实不可或缺，但如果过分依赖价格战，就会陷入"体力消耗"的竞争当中。

在竞争残酷的世界里，中小型超市一旦陷入其中，将没有未来可言。

---

① 自由连锁：指由分属于不同资本的独立零售商自愿组成的，实行共同进货、统一配送、共同促销等的契约型联合体。

> 专栏 1

今后超市必须关注"招聘市场"

■ 20 岁后半到 40 岁的女性临时工将会日益短缺

"提高临时工的人数占比，有助于降低人工成本（劳务成本），并提高经营效率。"

可以说，上述的这种观念，在超市行业可谓是毋庸置疑的常识。

的确，迄今为止，这一常识普遍适用于超市行业。但在今后的时代，临时工招聘情况将会逐渐发生改变。

具体来说，在过去，超市聘用的临时工中，通常以那些 20 岁后半到 40 岁的女性为主。

总体来说，这一年龄段的女性们不仅工作勤奋、充满活力，而且更重要的是，由于与顾客在年龄上相近，所以在商品的选择、价格的设定等市场营销方面，她们都能为门店提出各种"合理化建议"。可谓是非常"宝贵"的战斗力。

不仅如此，更重要的是，这些临时工为企业利润创造出的贡献，远高于企业支付她们的薪资成本。所以，这些廉价的劳动资源在无形中转化成了门店的"赚头"。

然而，时至今日，招聘市场的变化悄然而至，即便门店依然希望招聘到20岁后半到40岁的女性临时工，结果总是无人前来应聘。

特别是那些地处大都市圈的人才派遣公司，为了能招聘到这个年龄段的女性，甚至不惜开出过去连想都不敢想的时薪，造成了薪酬标准不断被抬高的局面。

可以说，行业间人才的竞争已经白热化，超市以往的时薪不再有任何吸引力。

而这种现象，不仅限于大都市圈，也在成为令今天日本全国所有超市店长都束手无策的一大问题。

尽管如此，超市行业依然呼声很高，认为"唯有提高临时工的人数占比，才有助于降低人工成本（劳务成本），并提高经营效率"。

现实情况是，20岁后半到40岁的女性劳动力，今后将呈现出日益短缺的趋势。

这样下去的话，对本就因没有双休而招聘难的超市行业而言，恐怕更将面临招不到人的严峻局面。

那么，我们应该如何面对这一招聘难的问题呢？

■ 迫切需要建立老年人的聘用机制并做好准备工作

为解决这一招聘难的问题，我们的招聘工作应瞄准的是，那些在近10年平均寿命延长了3岁的"老年人才"。

众所周知，超市行业全年无休的特性，应聘者必须满足无论是周末，还是盂兰盆节、年末年初等节假日都能出勤的要求。对于那些年轻的主妇来说，若应聘这种工作，将导致最不想出勤的日子依然被强制上班，也成为她们不想应聘的行业之一。

鉴于这样的招聘背景，"老年人才"的招聘工作迫在眉睫。必须尽快建立雇用"老年人才"的筹备机制。

而企业方面聘用"老年人才"时的关键之处在于：

a. 建立短时间出勤的换班体制。

b. 通过早班作业制等方式，建立重视开店前作业的运营体制。

c. 作业的简单化。

之所以强调这些方面，是因为老年人由于年龄的关系比较排斥长时间的劳作。如果是短时间的工作，不仅能成为老年人活动身体的方式而使他们更加健康，还能保障他们的工作按部就班地执行下去。

无论怎么说，相比于年轻一代，老年人具有更强烈的"责任感"和"使命感"。这是由于他们不仅是支撑日本"高速发展期"的一代人，也是吃苦耐劳，对工作没有任何抵触的一辈人。

不过，由于老年人在体力上受限，而难以承受长时间的劳作，所以希望门店能充分考虑他们这方面的特点，建立适合他们的工作机制。

同时,由于老年人可能不适宜"店内接待顾客"类的工作,鉴于这种情况,店方可以委托他们从事超市后台方面的各项工作。

关键是要确保门店实现简单化作业。

由于这一代人的特性,对于那些需要埋头专注于某项技能的工作,老年人往往会表现出比年轻人更强的"韧性"。

而对于那些操作复杂的工作,老年人并不擅长。这也是客观上不得不接受的现实。

不过,若门店能把复杂的作业进行简单化处理,老年人必然能发挥出充分的战斗力。

■ "零工"的积极录用

除了积极聘用老年人才,对于那些"孩子尚小,只能选择短时间工作"的年轻妈妈,超市也应加大招聘力度。

对这一观点必然会有人反对:"这些年轻的妈妈,双休日根本无法出勤。孩子一旦生病,还会突然请假,从门店运营的角度来说难以导入这一群体。"

但换个角度看,经过5~7年的话,随着孩子们逐渐长大,这些年轻妈妈将会成为门店的"长期临时工"。而等到孩子升入高中后,她们甚至有可能晋升为门店的"正式员工"。

所以说,这些年轻的妈妈可称得上是"优秀且能力出众的人才(财)后备军"。

诚然，这一零工群体通常每天只能打3~4小时的零工，导致不仅在超市行业，在其他行业也不受欢迎。

但这些作为后备军力量的年轻妈妈当中，为数众多的女性是出于丈夫的影响或是生育孩子的客观原因，而不得不忍痛辞掉之前的工作，其中不乏有很多女性都有过非凡的职场业绩。

由此可见，为了使这些优秀的后备军，在5年后成为门店的主要战斗力，我们是不是应该从现在起，加强针对年轻的妈妈们的招聘工作呢？

要知道，即便是高中毕业或大学毕业的年轻员工们，也很难在4~5年时间内，就成长为门店的优秀战斗力。考虑到这一事实，这些年轻的妈妈可以称得上是非常"宝贵的战斗力"。

第4章

实现"大变身"的门店与企业

——实现"卓越"的超市

"只要确定了远大的志向,就能激发出强大的精神动力。"

(一旦下定决心,就能斗志昂扬,任何艰难困苦都敢于面对,最终如愿以偿。)

(吉田松阴)

打造"Outstanding 卓越",您用哪般武器?

"Outstanding"。

对大家来说,这可能是一个不常听到的英文单词,翻译过来是"卓越"的意思。

而对超市门店来说,"卓越"可理解为"通过实施各种竞争策略,达到令竞争对手望而却步的程度"。

通常,从顾客的角度来看,如果门店只停留在"优秀"水准,那么会使顾客"完全看不出"与其他超市的差异所在,也就无从对门店形成特别的印象。

正因为如此,门店只有达到"卓越"这一程度,才能令顾客不由得发出"这家店的确与众不同啊"的赞叹。实际上,顾客在购物过程中,通常都会以这般挑剔的眼光来看待门店。

那么,我们应怎样做,才能成为顾客心目中的卓越门店呢?

比如,在20到30年前,门店能拥有"叶菜苏生处理"技术的话,就会被认定为已达到了行业内的"卓越"水平。

因此,必然赢得顾客压倒性的信赖与支持。

然而,如今放眼望去,大部分企业都在运用"叶菜苏生处理"的保鲜技术。

即便有的企业在苏生处理上能做到稍微领先,也不能被认定为已达到卓越的水平。

总而言之,在技术普及的今天,顾客已经无法分辨出门店之间的区别。不知大家是否意识到了这个问题?

那么,请大家按照下面的思路认真思考一下。

"您所在的门店,目前在哪些方面已经达到了卓越水平?"

接下来,就请做出决定,今后您的门店准备通过实施哪些举措,来达到卓越的程度。

而具体方法上,可以是"超级鲜度"战略。

或是通过"故事POP"。

或是采用"活动促销"。

或是开展"现场演示销售活动"。

我建议门店在最初的试行阶段,可任意采用各种方法。

总而言之,只要是从顾客的角度看门店时,能令顾客从心底里发出"这家店,的确不同啊"的赞叹,门店就都可以尝试实践。

在此,我将为大家传授通往卓越门店的"捷径"及"步骤"方法。

那就是**"效仿(MODELING)"样本店**。

第一步"先效仿",第二步"提标准"

"对于那些生意兴隆或业绩出众的店铺,需要先对其经营思路,进行彻底的效仿。"

我们将这种对思考过程的再现,称为"效仿"。

通常,对于那些仅停留在表面,只对结果进行完全复制照搬,称之为"模仿"。

而所谓"效仿",就是对"那家店(企业)为什么采取那样的措施?"这一思考过程,展开深度研究,并对这一措施进行彻底的"照搬模仿"。

不过,有一点需要引起注意,那就是,在效仿过程中,不能加入任何带有自我风格的改变。

也只有原样效仿,最终才能实现与效仿对象完全相同的结果。不仅如此,对于那些模范店(企业)耗费4~5年时间才研发创建出的技术诀窍,充分利用"效仿"这一方法的话,只需3~6个月,就能完全转化成您所在门店的技术。

正因为通过快速效仿可获取成功,我将这种效仿的方法论取名为**"加速成功法则"**。

总体来说，要先从彻底模仿师傅（模范企业）入手。至于进一步的调整和改善，并创建出独家特有的技术诀窍，需要在效仿的基础上才能实现。

而且，在打造独家技术的过程中，关键是要导入"**提标准**"的概念。

可以说，**"销售额与门店的运营标准是完全成正比的关系"**。

我对这一观念坚信无疑。

正如图表8所示的那样，在超市的运营体系中存在诸多运营的"标准"，所谓"提标准"，是指门店先对这些运营中的各项标准确定优先级排列，然后依次提高每一项的现行标准。

并且，需要"毅然决然"地提高标准。

然而，现实情况是，无论如何强调提标准的重要性，卖场负责人的态度仍然是，若不能先看到"有效的结果"，就不情愿付诸行动。

基于这种情况，作为店长和采购员，需要先从那些能马上见效的方面，开展"提标准"的改善升级工作。

而能马上见效的"标准"，就是提高生鲜商品的"鲜度标准"，也就是打造"超级鲜度"。

所谓"超级鲜度"，是指超出顾客常规所认为的，"差不多就是这样"的新鲜程度，是一种更高水准的鲜度标准。

图表8　超市运营的各种标准

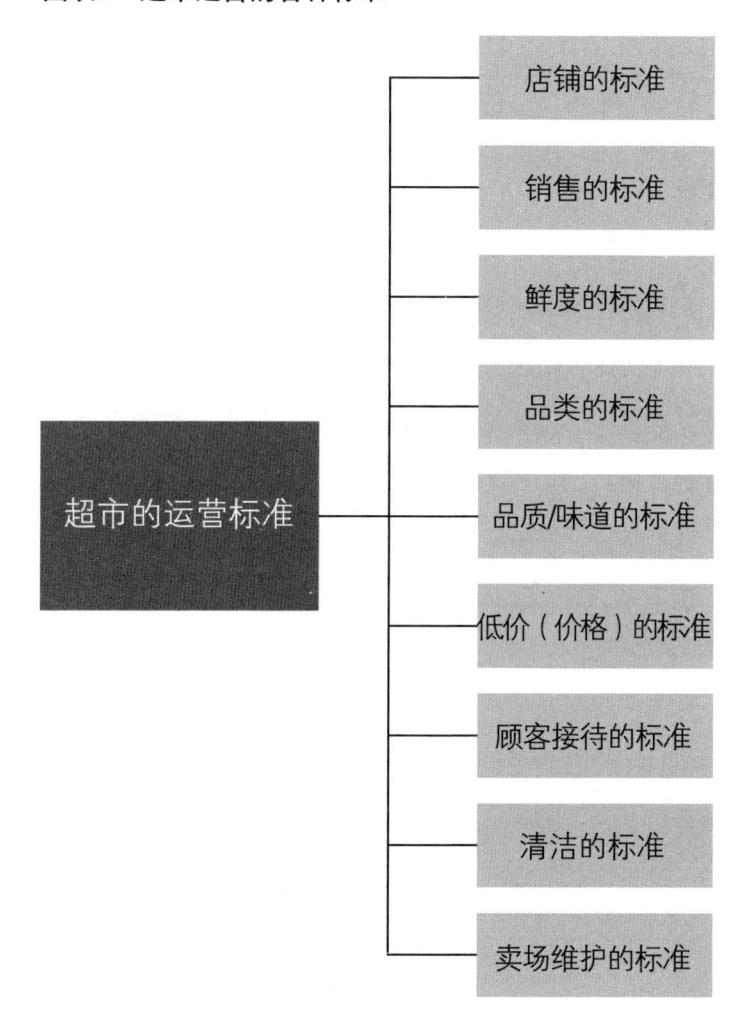

超市的运营标准
- 店铺的标准
- 销售的标准
- 鲜度的标准
- 品类的标准
- 品质/味道的标准
- 低价（价格）的标准
- 顾客接待的标准
- 清洁的标准
- 卖场维护的标准

不仅如此，还需要将超级鲜度的标准，通过"可视化"的形式呈现给顾客，以向顾客传递这样的信息：

"我们究竟为什么要特意执行这样高的超级鲜度标准呢？"及"这个鲜度标准到底达到多高的程度呢？"。

这样一来，就能拨动顾客心底的那根弦，进而激起顾客的购买欲望。

若您的门店真达到了这样的程度，不仅会在新鲜商品的销售上实现销量的迅速增长，还能大幅度提升顾客对门店的支持。

综上所述，门店若能按照以上所介绍的步骤，先从"效仿"开始，然后到"提标准"的升级改善，最终必将实现"卓越"的终极目标。

这样坚持下去的话，门店必然会发生巨变。

接下来，为大家介绍几家"卓越超市"的成功案例。

> 成功案例 1

以"故事营销"策略，跻身卓越门店

山田商店（兵库县揖保郡）

不靠价格反击战，照样提升销售额

下面为大家带来的案例，"山田商店"是一个拥有 8 家门店，总部位于日本兵库县揖保郡太子街的超市企业。

作为一家地方性企业，可以说是那种随处可见的普通超市。

以前，与大多数超市企业的做法相似，山田商店也采取了中央集权化管理的连锁运营策略，还曾实行了筹建精肉加工中心（PROCESS CENTER）等一系列举措。

然而，在这样的经营战略下，最终只打造出了与其他大型连锁企业同样，而没有任何差异化竞争优势的门店。

若一直延续这样的经营路线，在资金实力、商品开发能力、供给能力等各个方面，小企业与大型连锁店相比，根本没有胜算可言。

"究竟怎么做，才能让中小企业与大企业相抗衡呢？"抱着这样的疑问，作为认真摸索后的结论，山田商店决定大刀阔斧地实行改革，对以前的经营体制进行了180度的大转变。

从结果上看，虽然较之从前，销售业绩的确稍有所提升，但远没有达到令人满意的成绩。

于是，山田商店决定采纳前面所介绍的"加速成功法则"。

首先，他们把高知县内的"SUNSHINE CHAIN"超市（请参考成功案例4）设定为样板（理想）店，并进行了全方位的效仿。

具体做法是，山田商店在推出新店时，不仅效仿模范店的卖场动线布局，包括店内全部的POP广告，还有商品种类、营销方法全方位进行了效仿。

最终，连促销海报，也是完全照搬。

在完成第一阶段的效仿后，山田商店又彻底提高了以下"5个方面的标准"。

1. 追求生鲜食品的"超级鲜度"
2. 全力贯彻"地产地销"的战略
3. 追求"商品的美味"
4. 强调"纯手工制作"
5. 强化"现场演示销售"

第4章 实现"大变身"的门店与企业

照片14 商品介绍展示牌对"镜饼"名称的由来和寓意进行了充分说明，赢得了顾客好评。

照片15 将门店主题直接刊载在"故事营销的海报"中，海报的成功运用引发了热销。

145

那么，经过这一系列精心打造后，最终为门店带来了怎样的成果呢？

其中，有一家"花田店"超市，是山田商店旗下的主力门店。当时，在离花田店很近的地方，新开张了一家折扣连锁店，而这家折扣店企业在日本的中国地区、近畿地区，正处于高速成长扩张期且颇具实力。

虽然家门口出现了强有力的竞争对手，但由于花田店坚定不移地执行了这"5个标准"，销售额不但没有下降，反而得到了进一步的提升。

而且，没靠任何价格反击战，依然实现了业绩增长。

特别是在蔬果部门中，通过实行"5个标准"的提标升级，销售额实现了2位数的快速增长。

另外一家门店"北野店"的销售额也刷新了纪录，比上年增长了125%之多。即便面临附近永旺旗下的超市竞争店的大面积卖场升级改造，北野店依然呈现出了销售额不降反升的现象。

这主要归功于店铺在商品的"故事营销"上，达到了卓越的水平。

附加价值越高，商品越畅销

接下来为大家介绍，在门店的卖场中运用的各种故事营销策略。

·故事式广播（通过店内广播的形式不断推荐商品信息）

·故事式商品展示牌（不使用任何图像示意的展示牌，而是全部采用配有文字信息介绍的商品展示牌）

·故事式 POP 广告（相比售价，商品讯息需更更加醒目突出）

·故事式营销（不仅各部门卖场的负责人全力开展营销活动，连收银员也要积极推销商品）

可以说，从目前为止的超市"常识"来看，今天的门店已经达到了根本无法想象的高水平营销。

正因为营销策略如此成功，来店的顾客们在卖场选购商品时，才会满脸都洋溢着开心的笑容。

而之所以喜悦，是由于对顾客而言，这里是让人非常"快乐开心"的卖场。而置身于如此美好的购物环境中，心情非常愉悦、舒畅。

请大家想象一下这样的购物场景。顾客边享受选购商品的愉悦，边聆听着店内广播中不时传来的，关于各种特色商品和应季商品的详细介绍。

而且，商品旁边一定都配有注明商品信息的"故事POP"广告。

同时，在端架和货柜上随处可见各种不同的"故事式商品展示牌"。

更令人愉悦的是，不仅卖场各分区的销售员们向顾客传递商品资讯，连收银员也会用心向顾客详细介绍他们所推荐的商品。

如果门店能在营销上达到这样的程度，那么其他竞争对手即便想要模仿也恐难实现。

正因为实现了与竞争店的明显差异，顾客在选购商品时，会表现出不在意"价格"。

相比于"价格的高低"，顾客更注重商品"对自身是否具有价值"，并以商品的价值诉求作为最终是否购买的决定因素。

所以那些附加价值高的商品，因为赢得了顾客的高度认可，会持续畅销。

这家门店之所以能有今天如此翻天覆地的变化，究其原因，是具有强烈的"危机意识"。

众所周知，兵库县的播磨地区，在全日本都是数得上的竞争激烈，价格战白热化的地区。

考虑到低价战略根本没有胜算的可能。也正是身处于四面楚歌的严峻形势，这家超市企业只能毅然决然地改变经营策略。

关于这点，山本雅裕社长给出了以下解释。

"说实话，之前从未考虑过顾客的需求和感受，在经营战略上，要么开展无用的低价促销，要么为了能降低人工成本而筹建加工中心，以确保门店的高效率供给。

现在回想起来，对这样的经营战略深感惭愧。

于是，我们决定重新调整战略，身先士卒，从我做起。

反省思考，并付诸行动。

努力提高门店所有员工的士气，我坚信，大家若能齐心协力一起面对挑战，就绝不会失败。

可以说，正是因为建立起了危机意识，才使得门店发生了如此巨大的转变。

成功案例2

以"百日元均一"的营销策略，成就卓越

MARUEI 超市（东京都新宿区）

周一竟然能达到客流量6000人，销售额800万日元的好业绩

在位于东京的新宿2丁目，有这样一家超市。

超市由地下1层和地上1层构成，卖场面积大约为150坪（约495平方米）。

虽然从外观上很不起眼，同随处可见的超市一样。这家店却凭着每周一的"百日元均一"促销活动，刷出了门店的存在感，而跻身于"卓越超市"的行列之中。

这家超市就是"MARUEI新宿店"。

据统计，每周一的客流量能高达约6000人，销售额则超过800万日元，基本上可达到平日营业额的2.5倍以上。

可实际上，这家店在4年前因处于岌岌可危的经营状态，

第 4 章 | 实现"大变身"的门店与企业

照片16 每周一从早上开店起,一直都处于顾客排成长龙等待结账的状态。

照片17 因每次售卖的商品都不尽相同,所以特意使用没有商品名称的通用型POP,以实现高效运营。

曾深陷"随时关店"的惨淡困境。

这家店在困境中"下定决心"所实施的战略,就是"百日元均一"的促销活动。

众所周知,百日元均一本身,并非罕见的促销方法,甚至是全国大多数超市都普遍运用的方法。

之所以运用这一策略,日高定先生作为MARUEI的社长,是基于这样的考虑:

"究竟用什么样的促销企划,才能引爆客流的增长?"

带着这个疑问,日高社长开始对市面上的所有促销活动,进行了认真调研分析。

在经过大量分析总结后,找到了灵感。

那就是,"每周一,哪家超市企业都不做促销活动"。

因此,日高社长决定反其道而行之,特意选择在每周一实行促销,以实现门店的差异化竞争。

从活动策划层面,考虑到周一的促销活动不仅要在价格方面具有冲击力,还要满足即便促销员的业务水平不高,也能确保顺利实施的这一条件。最终决定在每周一实施"百日元均一"的促销活动。

但"若每周一实施百日元均一的促销活动,必然会困难重重"。

可以说,这是在超市工作的专业人士,都了解的常识。

原因在于,周一的促销会导致商品调度、卖场打造的工作量增加等问题，所以作为门店卖场负责人，都会尽可能避开每周一的促销活动。

可以说，理所当然是"周二更适合开展促销活动"。

但这样一来，就无法有别于其他超市，也就无从打造出"卓越的百日元均一"促销活动。

所以，MARUEI 新宿店决定迎难而上，选择在实施层面最难的周一这天，开展百日元均一促销活动。

"其他店绝卖不出低价"的商品，仅售 100 日元

接下来，日高董事长开始马不停蹄地四处奔波，对市面上所有实施百日元均一活动的门店进行了一番实地考察。

可是，很难找到一家达到"人气爆棚"的程度，并可作为参考借鉴的门店。在日高董事长特意找到我本人寻求帮助时，我推荐了一家位于东京葛饰区的超市。

这家超市也是在每周一开展百日元均一促销活动，在未使用任何宣传海报的情况下，周一的销售额竟可达到平日的 3 倍以上（按当时的销售额计算）。

据说，在参观了这家超市后，董事长顿时灵光闪现，认为

关键之处在于,"这家店之所以销售火爆,靠的是货品丰富、种类繁多、品种数量上的绝对优势。"

于是,董事长对负责人下达指示,要求以东京葛饰区的这家超市为模范店,进行彻底效仿。同时,为达到卓越门店的水准,尽可能备齐货源,扩充商品品种的数量。

最终,在各方的努力下,门店经营的商品品种数量达到了约 800 种之多。

接下来,从中筛选出那些"其他店绝对卖不出低价"的商品,并针对这类商品以 100 日元的售价展开促销,也就是以此作为"关键秘诀",来打造特价实惠商品,从而引爆客流。

为了能顺利落实百日元均一的促销活动,门店采取了以下各项措施。

·各部门负责人直接去批发市场进行批量采购(由于负责人将店铺的经营方针,诚恳地传达给中间批发商,因此建立起了真诚相待、互惠互利的合作关系)。

·以"逆向思维"采购商品(比如,夏季时以较为便宜的价格收购市场上过剩的牛腿肉,并加工成"煎牛排",以此实现每片牛排 100 日元的低价目标)。

·与批发商进行交易时,采用现金结算的方式,以降低商品进价。

总之，通过以上各项举措，使百日元均一的促销活动成为可能。由于在每周一的卖场中，都能摆放出给顾客以"惊喜价"的各种商品，门店的"口碑"自然而然地传遍了大街小巷，从而达到了吸引客流的目的。

所以直到今天，这家超市完全不靠宣传海报，依然做得风生水起，门庭若市。

而关于门店的营销策略，日高社长咨询我时，我给出的建议是：

"尽量营造出与平时截然不同的卖场氛围吧。"

具体措施如下：

· 百日元均一特卖区内的POP广告，需要全部换成不同颜色，以便顾客识别。

· 店内采用播放广告录音的形式，循环播放百元商品的相关资讯。

· 在陈列用平台、平柜、开放式货柜中，最下段到第2段之间，全部用来摆放百元促销商品。

门店在贯彻落实以上各项措施后，每逢周一顾客们就会如约而至，每周一的这天俨然成了顾客们最喜爱的"狂欢节"。

就这样，日高董事长所期待的，**"因带给顾客惊喜，从而引爆客流"** 这一夙愿，终于如愿以偿。

> 成功案例3

凭借"商品力"+"销售力",跻身卓越企业
ICHIYAMA MART(山梨县甲府市)

把 PB 商品培育成畅销品的"销售力"

接下来,为大家介绍的是一家位于山梨县甲府市的"ICHIYAMA MART"超市,目前旗下共有 11 家门店。这也是董事长三科雅嗣先生从无到有,亲手创办起来的超市企业。

该企业一直秉承的核心理念是,"安全、安心、健康"。

不仅如此,围绕企业核心理念的关键词,ICHIYAMA MART 的所有部门都积极参与 PB(自有品牌)商品的开发工作。

虽然从实力规模上,仅是一家地方性的小企业,但在零售领域中展示出如此强大的商品开发能力,在整个日本都非常罕见。

不过,在此向大家重点强调的是,ICHIYAMA MART 在 PB(自有品牌)商品方面,不仅具有强大的商品研发能力,还具

备相当雄厚的"销售力",也就是借助本企业营销实力上的优势,把这些自有品牌商品培育转化成"热门商品"和"畅销商品"。

尽管,无论哪家零售企业都可能拥有开发自有品牌商品的能力,但令人遗憾的是,具备商品开发能力的同时,还能兼具市场营销力,能把主研发的 PB 商品,最终培育成市场上的"热门商品"和"畅销商品"的企业,在日本全国范围来看,为数不多。

正因为打造畅销的 PB 商品非常困难,所以大多零售企业在开发 PB 商品时,都会优先考虑"低价定位"。由于过于注重价格上的竞争优势,就容易把商品的"口味"和"安全性"等方面作为次要因素来考量。

由此带来的问题是,虽然很多企业开发 PB 商品的初衷,都是希望研发出在市场上因少见而能成为热门的商品,以求"一炮而红",结果却总是事与愿违,造成了"虎头蛇尾"的局面。

相比之下,ICHIYAMA MART 采用了不同于其他零售商的 PB 商品战略。也就是,通过零售企业与制造企业建立战略合作,结成强大的"纽带"力量,从而建立了以"制作贩同盟"的关系共同开发 PB 商品的战略。

比如,在研发新商品时,即便按照通常的惯例,已经达到普通零售商所认定的,"这样就行"的标准,ICHIYAMA

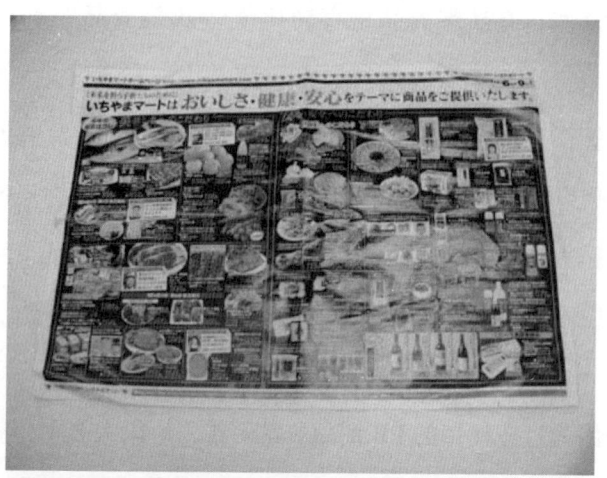

照片18 海报上因突出"安全/安心/健康"等宣传语,吸引了更多年轻的顾客群体。

照片19 "河豚"商品的广告通过DVD反复播放,还配上"刺身大厨"亲自推荐的故事POP广告。

MART 的采购负责人们却不会轻易认可，而是要求制造企业精益求精。

这是因为，作为 ICHIYAMA MART 企业，自始至终都贯彻落实经营理念的初心，"企业一定要为所在地区的顾客提供安全的商品，并让顾客买得放心"。

也正因为拥有这种执着敬业的精神，那些参与商品开发的制造企业才会全力以赴地配合生产研发的工作。在共同打造 PB 商品的过程中，产品制造方只要不达到采购负责人所要求的，就绝不轻易妥协。

"为什么特意为 PB 商品做电视广告？"

实际上，作为"绝不妥协的 PB 商品"，其商品开发背后所蕴含的这种精神，对于那些在卖场中负责销售的员工，同样起到了震撼激励的作用。

"原来我们销售的商品竟如此出色啊"，这种"自信心""自豪感"会油然而生。

这样一来，销售员们也会变得更加积极，发自内心地贯彻落实门店"营销策略"。

首先，在商品的导入期，先以"试销价格"进行销售，并通过海报的大半篇幅来介绍 PB 商品的特色。

接下来，在卖场中运用醒目的"试销 POP 广告"吸引顾客的眼球，同时借助免费试吃及专人促销的形式，向顾客积极推销商品。也就是，通过彻底贯彻商品的营销策略，唤起顾客的购买欲望。

此外，ICHIYAMA MART 为了进一步扩大营销影响力，还推出了**"电视广告"**。

作为一家地方性的超市企业，居然为了推销自主开发的 PB 商品而特意制作电视广告，简直可以说超乎大家的想象。

ICHIYAMA MART 正是因为对所开发的商品充满"自豪"，才会希望让更多的人了解商品的优越性，所以市场营销才会做到这样的程度。

通常来说，每个电视广告虽然只有一个月的播放周期，但如果宣传效果特别明显，那么所介绍的商品将会在当月就能创下非常高的销售业绩。

不仅如此，电视广告播放结束后，门店还可将录制成 DVD 的广告继续在店内播放，商品的销量会锐气不减，依然保持畅销的态势。这就是电视广告宣传的价值所在。

而作为企业的采购员们，需要时刻关注该商品的销售走势，看到销售势头稍微放缓时，就立即采取措施，对商品进行**"改**

良、改善、升级"。

综上所述，正因为实现了商品力和销售力的完美组合，而具有了超越其他竞争店的绝对优势，最终成就了 ICHIYAMA MART 企业的"卓越"表现。

> 成功案例 4

以"追求高品质"的商品策略，造就卓越门店
SUNSHINE CHAIN（高知县高知市）

"叶菜限时 3 小时""刺身限时 5 小时"的"时间限定销售"

在位于日本四国地区的高知县高知市内，有一家在近 5 年内，以惊人的速度迅速成长起来的超市企业。

这就是已经拥有 38 家门店的"SUNSHINE CHAIN"超市。

这家超市企业一直以来秉承的理念是，"打造高品质的超市"。具体展开说明的话，由 6 个方面构成。

第 1 项，"门店需为顾客营造出美观、愉悦和感动的卖场"。

关于这一点，竹岛宽理事长/营业本部长给出了以下解释：

"因为食品超市是顾客每天都会光临购物的场所，所以超市需要为顾客提供出时尚感、品牌度、潮流感、丰富感及感动，这些方面至关重要。"

我们知道，高知县的人口数量仅有 80 万。在这样人口稀疏的地区，如果门店陈旧老化将很难具有竞争优势。

因此，SUNSHINE CHAIN 首先从门店的外观上，彻底追求视觉上的美感。

第 2 项，搭建 "20：60：20" 的 MD（市场营销）矩阵。

在 SUNSHINE CHAIN 超市中，有一套非常稳固健全的 "市场营销（MD）原则"。

那就是，按照 "特色商品 20%：走量商品 60%：价格诉求型商品 20%" 的比例来规划商品的品类组合。

为了将不同商品的品类实行 "可视化"，以便顾客识别，通常对那些 "特色商品" 使用深绿色的 POP 广告，对那些 "地产地销" 类商品使用胭脂色的 POP，也就是通过不同颜色进行区分的技巧，方便 "顾客在 3 秒内就能判断" 是哪类商品。

总而言之，SUNSHINE CHAIN 超市搭建出的 "20：60：20" 的 MD 矩阵架构，使得 "打造高品质的超市" 这一目标成为可能，而这种说法绝不为过。

作为 "高品质超市" 的第 3 个要素，就是 "追求鲜度和原产地的舌尖美味"。

比如,在旗舰店"SUNSHINE CARDEA"中,通过实施"叶菜 3 小时的限时销售""刺身 5 小时的限时销售""鰤鱼块 5 小时的限时销售""牛肉/猪肉/鸡肉的 1 天限时销售""肉馅 3 小时的限时销售""牛奶的 2 天限时销售""面包的 1 天限时销售"等各项举措,追求生鲜食品在新鲜度上达到卓越水准,从而塑造出其他企业望尘莫及的竞争优势。

此外,SUNSHINE CHAIN 超市为了追求"原产地的舌尖美味",在"食材采购"方面下足了功夫,蔬菜水果每周 2 次从东京大田市场进货;海鲜类商品由高知县内的港口直接配送;对于精肉类食材,则采用东北山形县的"平牧三元豚(猪肉)"、岩手县的"AMATAKE 南部鸡肉"等产地直采的方式,可以说,为了打造来自原产地的特色商品,在采购上下足了功夫。

门店、创意、商品三合一的再建

接下来,为大家介绍打造"高品质的超市"的第 4 个要素,即**"贯彻地产地销的策略"**。

"太阳市场"作为 SUNSHINE CHAIN 超市中的农产品直卖

照片20　以绝对优势超越其他店的农园生产者主题区"太阳市场"。在高峰时的销售额，可达到蔬果类商品总额的40%以上。

照片21　年末时的刺身卖场例，以绝对优势的"体量感"来吸引顾客。

主题区，汇集了当地众多农户生产者的特色食材。从目前生产者的登记入驻人数上看，已经达到了 600 人以上，年销售额也已达到 7 亿日元以上（截至 2008 年）。

SUNSHINE CHAIN 超市还通过创建各种信息化管理体系，使得生产者们通过手机就能随时掌握自己所出产的农产品的实时销售情况。而这种"模拟信号与数字化"的有效结合，无论从会聚本地生产者的角度，还是从吸引客流上，都可谓是一种非常强有力的现代化武器。

除了蔬果部门，SUNSHINE CHAIN 超市还备齐了 500 种以上的"地产地销"类商品，并在卖场展开特色商品的营销活动。贯彻这一强有力的经营战略，成为企业快速成长的秘诀之一。

第 5 大要素，就是"竭力追求商品的安全、安心、健康及美味"。

比如，蒲烧鳗鱼不仅在食材上只选用当地高知春野产的鳗鱼，而且在制作加工的工艺上对顾客 100% 透明，以打造食品的安全和安心感。

对于那些进口牛肉，则全部采用透明溯源化的管理，以保证不销售任何含有抗生素或激素的牛肉。

并且，对超市自有品牌的牛奶全部实行可追溯性的管理方式。

接下来，为大家介绍打造"高品质超市"的第 6 大要素，即贯彻落实"卖场氛围演出、临场感、热情服务"方面的营销策略。

总之，在卖场内的所到之处，每天重复开展"临场感十足的销售活动"。

在主力门店中，还专门安排"导购"常驻卖场，每天以生鲜商品为中心，在卖场开展专人销售，以提高服务水平，进而促进顾客购买。

整体来说，该超市采用了近似于"日本百货地下食品馆"中熟食菜肴卖场的销售策略，通过"面对面的销售"等各种举措来活跃现场的叫卖气氛。与其说是打造一家超市，不如说是营造一家充满购物乐趣的"主题游乐园"般的门店。

我们知道，如今大多数超市都在力求实现"低成本化的运营"，SUNSHINE CHAIN超市在打造门店上却反其道而行之，也因此赢得了顾客压倒性的支持与喜爱，从而发挥出了惊人的吸客效应。

该企业的管理者，是基于这样的考虑，"在推出新店或门店升级改造时，需要对'门店、创意、商品'进行三合一的整合再建"。

"如果仅对门店实行表面上的升级改造，而不能从真正意义上，使员工们充分理解打造高品质店铺的意义和主旨的话，就绝不可能走向成功。"（竹岛理事长）

正因如此，SUNSHINE CHAIN 超市非常重视员工的培训工作，通过研修和培训等形式，从正式员工到临时工，都会贯彻"意识改革"的培训工作。

"因为已经不能依靠低价策略在市场中取胜，所以我们企业采取了独特的'胜利方程式'，那就是，在'店''货''人'这三方面努力追求质的飞跃。"

（川崎博道董事长）

> 成功案例 5

凭借 4 个方面的 "可视化"，打造卓越门店
文化堂丰洲店（东京都江东区）

在 "商品力" 之外，展现绝对优势的 "差异化"

下面介绍的文化堂超市，是以东京都神奈川地区为中心，目前经营着 20 家店铺的一家当地骨干企业。

作为文化堂的现任董事长花冈秀政先生，是文化堂创始人后藤先生钦点的接班人。

文化堂从花冈先生成为董事长的那一刻起，企业焕然一新，并发生了巨大的转变。

以前，文化堂本是一家以 150 坪（约 500 平方米）~200 坪（约 660 平方米）的小型店铺为主的连锁超市企业，在花冈社长上任后，企业开始挑战向面积 300 坪（约 990 平方米）以上的店铺进行转型升级。

其中，最具代表性的旗舰店，当数位于东京江东区丰洲的

"文化堂丰洲店"。

实际上，这家位于家居购物中心 VIVA HOME 2 楼的店中店超市，在最初开店时，曾委托专门机构进行市调，当时预测的年销售额可达 16 亿日元。

但由于这一数字在经营上达不到收支平衡。花冈董事长果断做出人事调动，也就是将下一代的年轻储备领导，时任采购助理的人才破格提拔为负责人。并考虑通过颠覆以往"文化堂的固有文化"，以求破旧立新，从而打造出具有创新思维的新型门店。

可由于开店的交涉谈判并不顺利，决定开店后的 2 个多月才正式开始营业。

即便如此，可能是新的挑战获得了成功，使得开店后创出的业绩远远超出原市调机构给出的预期数字。

就在这时，周边出现了强劲的竞争对手。

这是一家由三井不动产所开发的"LALA PORT"购物中心旗下的，以静冈县伊豆半岛地区为中心展开连锁经营的，食品超市"FOOD STORE AOKI"的新店。

可以说，对手是一家在"商品力"上非常具有优势的全国知名企业。

为了在竞争中取胜，文化堂超市开始了"向卓越标准的挑战"之旅。

说实话，若与对方硬拼商品力，如同以卵击石，根本无法与对手抗衡。因此，文化堂以错位竞争的方法避开了对手的优势，在"商品力"以外的方面，也就是尝试挑战在"鲜度、营销、故事体验、低价"各方面，打造绝对的"差异"化竞争，并将差异之处通过可视化的方式传达给顾客。

采用3-3-3的原则，对"营销"进行可视化

首先在鲜度方面，实施了"超级鲜度"的战略，通过贯彻这一战略，来唤起顾客的购物欲望。

在营销方面，为了与竞争店"FOOD STORE AOKI"安静优雅的卖场氛围形成鲜明对比，文化堂采用了"店内广播"等形式，以营造出"热闹、欢乐"的气氛及购物环境。从而实现了在营销氛围上"差异"的可视化。

接下来，考虑到"不仅需要向顾客传递'商品的优良品质'，还需把'卖场员工的心意''采购员的推荐理由'都传达给顾客"，加强了商品信息板和故事POP广告在卖场中的灵活运用"。

不仅如此，考虑到在商品力上不及对手的客观事实，全力贯彻"低价"策略，以彻底推进可视化的方式，来打造竞争

第4章 | 实现"大变身"的门店与企业

照片22 所有部门的商品都通过"凸显商品优质"的POP广告,成功实现了可视化。

照片23 通过"3-3-3"原则,卖场实现了营销的可视化。

优势。

也就是，通过有效"3-3-3原则"运用，实现了营销上的可视化。

此外，借助POP广告颜色的变换，实现了"低价的可视化"，同时打造出与竞争店FOOD STORE AOKI在"差异"上的可视化。

有效实施以上各项举措后，最终结果是，在竞争店开店一个月后，文化堂的销售额又顺利恢复到原状，之后更是"高歌猛进"，营业额持续保持上升的态势。

成功案例6

以"节日促销活动"成为卓越店铺

NICHIE（广岛县福山市）

售价超过500日元的惠方卷寿司，单店销量竟然达到200个

接下来，为大家介绍的是总部位于广岛县福山市的NICHIE

超市，目前旗下共有 10 家连锁店铺。

这家企业在实施"节日促销活动"方面，表现非常出色，赢得了顾客的压倒性支持。比如，在"立春前日"这个节日促销活动中，"单个售价超过 500 日元"的"惠方卷寿司"，在 1 个单店中，竟有卖出 200 个以上的业绩。

通常来说，惠方卷寿司作为超市的畅销商品，若按"1 个 300 日元左右"的价格销售，会陷入与周边对手店的同质化竞争当中。

于是，NICHIE 超市决定走差异化竞争路线，也就是聚焦商品，有意识地打造 1 个高达 500 日元以上的高品质惠方卷寿司。虽然这一价位对于竞争店来说，属于"高风险"的挑战，但 NICHIE 超市通过加强销售力度，最终在销售额上实现了每年 2 位数的增长。

顺便补充一下，在 NICHIE 的旗下所有门店中，价格最高的惠方紫菜卷商品的售价，高达 2980 日元。

对于"女儿节"促销活动，除了必售的散寿司外，NICHIE 超市还专门筹划了在"散寿司/刺身寿司拼盘/开胃菜/甜点"中，"任选 3 品仅售 5250 日元"的预订促销活动。

出乎意料的是，包含所有门店在内的预约订单，竟达到了 300 份以上。

不仅如此，在"女儿节"当天，门店的水果区还开展了

"菠萝的现场演示促销",在水产区则开展了"海鲜散寿司的现场演示促销"。同时,在日配区开展了"蛋糕自助选购"等系列促销活动。总之,放眼望去,店内到处都是各具特色的"促销活动",整个卖场都洋溢着节日促销的热闹气氛。

就这样,NICHIE 超市通过对"女儿节的促销"的精心筹划,使得女儿节这一天的销售业绩,跻身年度"销售额最高排名"的前 5 位。

此外,对于像"盂兰盆节/正月"这样重大节日的商战,NICHIE 超市采取了与"女儿节促销"同样的促销策略,即类似"任选 3 品 10500 日元""1 品 10500 日元",这种在超市中通常被认为是不太可能实现的高价预约促销,NICHIE 超市在预约订单方面进行了重点强化。

最终结果,从年末到正月期间,包括 NICHIE 所有门店在内的预约订单,竟达到了 2500 份之多。即使在盂兰盆节,所有门店的总订单数也达到了 900 份。

门店的品格若能提升,即便平日,美味商品也能畅销

那么,为什么 NICHIE 超市在"节日促销活动"上如此发

力呢？

这是因为,"每逢节日来临的时候,顾客们必然会比平常更希望吃到美味可口的食品"。

"在节日这样喜庆日子里,如果门店能顺应顾客的需求,并提供出美味食品,'门店的品格'必然会上升"。

"而一旦提高了'门店的品格',赢得了顾客的信任与支持,那些特色商品和美味商品,即便在平常的日子也会变得畅销"。

可以说,上面的一番话道出了,坂本宪秀董事长为何重视节日促销活动的经营理念。他还提出了一个重要观点,那就是,"开展节日促销"能否取得成功,比起其他因素,关键还是取决于"**员工们的士气**"。

无论如何,需要以店长为中心的所有员工齐心协力,共同建设这样的心态,"无论如何都要赢取顾客的订单""一定要将门店打造成令顾客感动、感激的温暖卖场",否则绝不会取得成功。

反之,如果员工们的士气低下,且工作热情不高,对于那些"3 品 10500 日元""1 品 10500 日元"的高价商品,在年末年初时,所有门店绝不可能获取到 2500 份订单的辉煌业绩。

在此,需要补充说明一下,上述业绩数字所显示的都是直接来自"门店散客"的预约订单,不包括类似合作伙伴的强制性预约订单。

照片24 该商品因在节日促销活动时人气爆棚，活动结束后成了卖场的常规商品。

照片25 年底获取了高达2500份的预约订单。照片为预约商品S用的宣传海报。

176

总之，以店长为中心的所有员工都积极开展促销活动，同时享受着工作所带来的愉悦。

"虽说筹备促销工作非常繁忙，也很辛苦，但是大家非常享受那份期待成功所带来的快乐，所以会全力以赴向目标迈进。"

可以说，从店内 POP 广告等方面，就能充分感受到员工们的这种积极心态。

我们知道，无论是哪家门店，每年都会举办 10 次以上的大型促销活动。

按不同地域的风俗文化特点，有的门店可能还会增加一些"节日""地区性社会活动"相关的节日促销活动。

这意味着，借助重要节日的促销活动，门店每年有 10 次以上刷存在感的机会，向顾客展现"门店的存在价值"。

而 NICHIE 超市正是敏锐地洞察到了这一事实，才会不遗余力地强化"开展节日促销活动"。

成功的关键因素不在于"能力"，而是"思维方式"

实际上，上面为大家介绍的 6 家企业，都不是大型知名企业，而这些企业之前经营不振的原因，既不是"人才"的问题，也不是"能力"的问题。之所以能转败为胜，是因为他们改变了过去的"**思维方式**"。

除此之外，他们还具备一种"坚持不懈，直至成功"的"执着心（热情）"。所以，最终门店能实现戏剧性的转变，并取得了惊人的业绩。

在此，我坚信，各位的门店也同样能实现"90天内翻天覆地的变化"，这绝不是不可能实现的事情。

可以说，当前门店存在的问题，既不是"人才上的差距"，也不是"能力上的差异"。

如果真有问题，那就是"思维方式上的差异"和"执着心（热情）的差距"。

然后，就是"做还是不做"，是否能下决心的问题。

当您下定决心，在"决定做，坚持不懈，且不成功绝不罢休！"的那一瞬间，相信您的门店就已拿到了，通往"翻天覆地的变化"，迈向成功逆袭之路的通行证。

专栏2

临时工的招聘方法应顺势而变

■ 与其靠"时薪"招人，不如强调"工作价值"

不知大家所在超市的招聘传单及内容上，通常会采用怎样的招聘语呢？

另外，各位企业的宣传网站上，是否专门设有"招聘临时工及女性员工"的网页呢？

在此，我想给大家提出一些建议。

希望各位在招聘方法上，能尝试做一下改进。这样的话，以往根本招不到的20岁后半到40岁的女性，也会前来应聘。

通常来说，在招聘广告上一般只标明"时薪"待遇这一项内容。

可以说，这是目前大多数超市企业都普遍运用的招聘模式。

但我们知道，超市行业在时薪上，与那些经营效率高且能提供高薪资的行业（工种）相比，根本不具有竞争优势。

那么，基于这样的背景，超市在招聘广告上应突出什么方面，才能吸引那些应聘者的视线呢？

那就是"凸显工作的价值"。

正如大家所知，在"料理教室""英语会话学校""运动俱乐部"等等，类似技能培训的学校中，学员大多是女性。总体来说，女性表现出一种倾向，即只要有富余时间，就乐于为"提升自我"投资。

相比之下，男性在闲暇时，通常会表现出"睡懒觉""打游戏""去喝酒"等行为。

不难看出，女性在"上进心"这一方面，的确表现更为突出。

这样一来，超市在招聘启事上，若能重点强调"选择在超市工作的话，会带来'这么多好处'"类似这样的招聘内容，就会赢得女性的青睐，而起到非常好的招聘效果。

比如说，在招聘启事中，可运用类似这样的招聘语：

·若能在蔬果部门连续工作3年以上，那么，当您考取了"蔬果营养师"的资格认证时，将会获得由公司提供的全额补助金。

这意味着，3年后的您，将会成为一名专业的"蔬菜、水果的主管"哦。

·若能在生鲜部门连续工作3年以上，那么，当您考取了"食育营养师"的资格认证时，将会获得由公司提供的全额补助金。

·难道您不想成为一名"食育专家"吗？

·"妈妈，大家都夸我的便当好可爱哦，谢谢妈妈"，难道您不想听到来自孩子的赞美吗?

既能有收入,又能提高厨艺。

请一定来本店的熟食部门工作看看哦。

您可能会从此成为一名"便当达人"呢。

等等类似这样带有引导性的招聘词。

假如我们在超市的招聘启事中,传递出类似上面这些富有诱惑力的招聘语,也就是在激发女性的"自我上进心"的同时,不断宣扬工作所能带来的各种益处,看看招聘结果将会发生怎样的变化。

而过去那种单一化的招聘语"请和我们一起工作吧",在今天这样日新月异的时代背景下,早已是陈年旧词,对求职者来说,根本无任何魅力可言。

■ 企业网站需专设"面向女性临时工的招聘网页"

在超市的宣传网址上,通常能看到"面向顾客"的宣传网页,及"面向学生"的招聘网页,令人不解的是,唯独缺少了"面向临时工(女性)"的招聘网页。

可以说,在今天信息化普及的社会环境下,70%以上的家庭都配备了电脑。随着智能手机的普及,大家在手机上就能随时浏览网页。

既然置身于这样的高科技时代,那为什么超市却单单忽视了"面向临时工(女性)"的招聘网页呢?

之所以强调这一点，是由于当今的大多数家庭主妇，如果对超市的招聘信息存有疑问，首先会选择上网"检索"的方式，来了解这家超市企业或门店的相关信息。

如果在网上检索不到企业相关信息，就会被淘汰出局。而即便能被检索到，网页上如不展示出"我们是一家什么样的企业？""我们做出了怎样的社会贡献（地区贡献）？""企业工作环境氛围怎样？""来自公司女员工的真实评价是怎样的？"等彰显企业信息的内容，也会因企业形象失格，而被求职者排除在外。

■ 配置接听面试求职者电话的专员

在有数的招聘启事中，那些选择应聘您所在门店（企业）的求职者，首先会拨打面试电话。然而，那个重要的电话号码，竟然是门店的座机号码。

就在这个阶段，会经常发生"掉链子"的情况。比如，

·门店方面因工作过于繁忙，即使听到电话声响，也没时间去接听。

根据某调研机构的市调结果，应聘者在拨打面试预约的电话时，若电话铃声响了3次以上，还无人接听的话，大多数应聘者会选择放弃。

·即使门店接听了电话，但店长太忙，导致让求职者等待时间过长。

·在电话中听到异性的声音，令求职的女性们感到恐惧和

不安。

所以，我认为，让那些"希望面试的人"直接打电话到门店的要求本身，明显不合常理。

总而言之，"人才招聘"战略，对于今后的超市而言，应作为非常重要的一大战略，必须引起重视，并认真做好规划。

那么，为避免出现上面的问题，我建议由超市总部配置"招聘专员"，并由专员对应那些求职者的电话咨询。

综上所述，如今已经截然不同于过去的经济发展期，及人口持续增长的时代，无论是雇用环境，还是劳动环境都变得极其严峻。

如果仅靠口头上不断强调"提高临时工的比例"，而不采取任何实际行动的话，恐怕无从实现效率化并提高收益的经营目标。

所以，当务之急是，大家关注临时工的招聘工作，并立即开展相应的对策。

第 5 章

各部门"营销方式"的新常识

——同样的商品,同样的陈列,
同样的营销,必然难赢利

"所谓有意义的工作,是指具有自发力的劳动者们精心生产出,那些绝对高品质的产品。"

(沃尔沃集团原会长　培尔·G.吉林哈默)

水果部门

新常识 1　实现"味道"的可视化

对水果部门而言，如何将水果可口的"味道"完美地呈现给顾客，是一个非常重要的课题。

而在打造"味道"的可视化方面，若仅凭"免费试吃活动""POP 广告上一句推荐语"这样的可视化做法，恐怕只能得 0 分。

之所以这样否定，是因为在打造可视化时，需要体现出商品"到底有多么可口"。

"怎样才能口感更好？"

也就是，需要更加清晰、具体地表述，才能真正实现商品在"味道"上的可视化。

否则，顾客根本无从感知到水果香甜可口的"味道"。而一旦顾客"不清楚味道好坏"，就会导致顾客做出两种判断。

一种是,明确表示"不想买"。

另一种是,顾客会挑选"便宜的是哪种呢?",也就是,只选购那些价格便宜的商品。

这样的话,从结果上看,不仅销售额不能得到有效提升,销量也难以实现增长。

由于工作关系,我经常会拜访一些在信息化运营上比较成熟的企业,在会议中,经常会听到采购负责人提出这样的建议:

"目前,从顾客购买数量上看,出现了明显下降趋势,所以请大家注意在价格上要能体现亲民实惠!"

"因为当前的 PI 值(指顾客购买支持率的指标,每来店一千位或一百位顾客,所购买的某种商品的数量)处于明显下滑的状态。所以,需要与去年的 POS 数据进行对比,从中找出那些畅销的商品,并下功夫卖得更好才行。"

实际上,在听到采购们这样的结论时,我总会不由得有些气愤。

要知道,顾客之所以没购买,归根结底,是卖方没有将食品的"味道及好吃"真正传达给顾客所致。

众所周知,水果并非"生活必需品",属于个人喜好品。

是"可买可不买"的商品。即便不买水果,也不会对晚餐或者早餐的餐桌带来任何不便。

因此,考虑到水果作为主餐之外的"奢侈品",不能被列入

"刚需"的特性。如果门店不能充分展现出水果的"味道及好吃",就激发不出顾客"想买"的欲望。

只有卖方能明确传达出商品的诉求点时,"这款葡萄是这般香甜可口啊",才能真正触动顾客的情感,并最终引发顾客产生购买行为。

回想一下,在过去传统的蔬果店中,顾客是出于什么动机购买水果呢?是由于"蔬果店的店主伯伯的热情推荐,才买的啊"。

是的,正是因为过去"有人推荐",才会引发购买。而在当今的超市中,由于全部变成了"自助式服务"的销售方式,所以站在卖方的立场,需要借助"故事诉求"的方式,以取代那些传统的"人的推荐"。也就是在无人推荐的卖场中,需要通过POP广告的信息传递方式,向顾客充分展示出"这种水果是如此美味可口""这款水果如此好吃,请务必买回去尝尝哦"这样的商品推荐信息,才能达到与过去传统店同样的营销效果。

对此,用我的话说,就是"水果其实是靠脑吃"。

那么,究竟怎样做才能实现"味道"上的可视化呢?

新常识 2 "试吃比较"和"故事 POP"

通常，在实现商品味道上的"可视化"方法中，最简单的方法，就是"试吃对比活动"。

但是，开展免费试吃活动时，只展示一种商品的话，恐怕很难将商品的"味道及好吃"充分传达给顾客。

无论是多么好吃的水果，如果只品尝到"这一种好吃"，那么顾客可能无法真正领略到"好吃"的水平，究竟达到了怎样高的程度。也就是说，只有对比才能出真知。

所以，如果门店能够打造出商品在"味道及好吃"的可视化，就能使那些到目前为止不好卖的高档水果摇身一变，瞬间成为畅销品。

从结果上看，不仅能提升客单价，还能提高顾客购买商品的数量。

不过，对于那些"未经实践就妄下结论"的人而言，必然会武断做出"试吃只会增加损耗"的判断，也就很难开展"试吃对比"的促销活动。

实际上，"与试吃所引起的损耗相比，试吃所带来的销售额增长，能达到高出几倍的功效"，而这一点只有通过在实践中尝试，才能真正领略到试吃活动所带来的益处。这也验证了那句至理名言，"实践才能出真知"。

上面介绍了在味道上打造可视化的第一种方法，"试吃对比"，除此之外，还有一种方式是"故事 POP"的广告宣传法。

POP 通常有两种做法。

a. 由销售员本人描述亲自试吃后感想的 POP
b. 由销售员亲自推荐的商品排行榜 & 推荐理由的 POP

在上面 a 类的 POP 中，主要是由销售员亲自品尝后，将商品究竟好吃到何种程度的感受，通过 POP 广告的形式，如实传达给顾客。

像**照片 26** 所示的那样，若能将"销售员的推荐信息"制作成 POP 的广告形式，就会对商品起到很好的宣传效果。

这是由于，这种 POP 广告完全不同于以往那些只标注产地、商品名称和售价"的普通 POP，而是通过富有情感及故事化的内容，唤起顾客的感性诉求。

而在 b 类，"由销售员亲自推荐"的 POP 广告中，是通过向顾客传递"最值得购买的是哪种商品"及"为什么这种商品位居榜首"的相关信息，强调那些高端水果的真正优越性，进而唤起顾客的共鸣，并激发购买欲（请参考**照片 27**）。

照片26　在"销售员的推荐商品"POP中，特意使用了采购员及销售员在水果产地实地拍摄的照片。

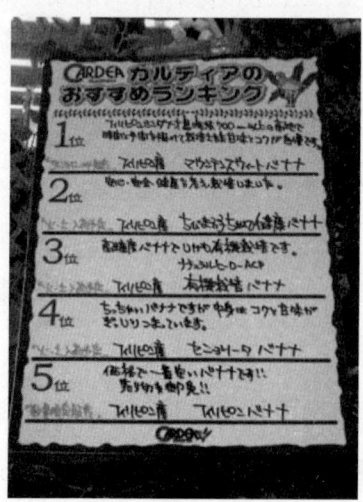

照片27　"推荐商品"排行榜POP，榜单及理由一目了然。

实际上，如果换个角度，当我们尝试站在顾客的立场上时，在琳琅满目、商品林立的水果卖场中犹豫不决，而不知该选购哪种水果之际，顾客心中可能会发出这样的心声，也是无声的声音："商家到底推荐我买哪种水果呢？最好告诉我吧！"

而在那一瞬间，能解答顾客心中疑问的，正是卖场中那些清晰可见并注明"推荐的商品排行榜 & 推荐理由"的 POP 宣传广告。

新常识 3 "现场演示销售"是"超级走量单品"的撒手锏

请大家试想一下这样的销售场景。在顾客眼前，销售员一边现场切着新鲜的西瓜或菠萝，一边进行着"现场演示销售活动"。

而关于现场演示销售，在前面第 3 章中也提过，虽然从表面上看，经营效率低下，但实际上"效率"是出奇之高。

首先，切水果块时，卖场中会顿时飘满水果自身的"果香气"。

接着，切块时发出了清脆有力的"声音"。

然后，"免费试吃"的营销活动开始。

最终，在这一系列调动顾客视觉、听觉、味觉的过程中，成功实现了商品在"美味"上的可视化。

不仅如此，在现场负责水果拼切演示的销售员，还能与顾客进行现场互动对话，也就形成了"顾问式销售"的画面。

照片28 通过在顾客面前现场演示拼切水果，销量可达到平时的5倍以上。

所以，从结果上看，通过现场演示销售所创造的销量，往往会达到"简单的商品陈列"的几倍。

而且，最重要的是，采用现场拼切演示售卖的水果，大多是加价率较高的商品。也就是那些"好卖且利润丰厚的商品"。

这样的话，不可能会因为免费试吃而造成"经营效率"低下。

因此，现场演示销售简直可称得上是销售"超级走量单品"的终极法宝。

蔬菜部门

新常识1　蔬菜的4大"特色"

"蔬菜就应当价格便宜！"

"蔬菜部门就是吸引客流的部门！"

很多超市的经营者都认同这一常识。的确，这一说法非常正确。

但是，作为蔬菜部门，并非"仅靠这点常识就可以"。

我个人认为，蔬菜应该比水果更讲究"甜度"的口感特色。

在"价格便宜"之上，更应注重商品在"鲜度"上的高标准特色。

在"价格便宜"之上，更应追求商品在"美味/品质"上的极致特色。

在"价格便宜"之上，更应彰显商品在"应季"上的时令特色。

当然,"价格便宜"是必需的条件。这一点毋庸置疑。

蔬菜部门若仅靠价格便宜,将无法形成与其他竞争对手在差异上的可视化。

所以,蔬菜部门需要强化"价格便宜"之外的其他重要因素,甚至要讲究到被认为异常的程度,才能真正形成自身的竞争优势。

这几大重要因素是指,商品的"鲜度""甜度""美味""应季"的四个方面。

而且,唯有令顾客明显感知到不同寻常的程度,才能真正称得上是"特色"。

实际上,很多门店经常会混淆"特色"的概念,认为特色商品是指在品类上引入那些罕见的蔬菜,或是销售一些带有"生产者头像"的蔬菜,这一看法可谓是大错特错。

所谓"特色",是指站在顾客的立场,将商品打造成令顾客发出"居然是这么高的水平啊?!"这样的惊叹的程度。只有这样,才能激发出顾客的购买欲望。

新常识 2　提高"超级鲜度"的标准

下面介绍一下，我所倡导的"超级鲜度"管理标准。

a. 对于那些"散装（无包装）"蔬菜，实行时间限定的销售活动。

b. 对于那些摆放在开放式保鲜柜的商品，需每天开展 2 次以上的鲜度检测管理，并在卖场中，通过可视化的方式向顾客传递这一严格的日常管理行为。

c. 对于根茎类蔬菜，明确标明保质期限。

首先，对于散装蔬菜，如果仅认为，"蔬菜只要散装售卖，就能体现新鲜感"，必然无法体现与其他竞争店的差异。所以需要通过限时销售的方式，来凸显蔬菜的新鲜感。

在具体实施"限时销售"时，需提前确定上架后几小时内全部售罄的"时间标准"，然后将这一标准通过"可视化"的形式，直观展现给顾客（请参考**照片 29**）。

这样一来，就能确保那些经苏生处理过的蔬菜，在顾客拿到手中时，依然处于新鲜水灵的状态。

照片29　店内"超级鲜度"限时销售的实际案例。

接下来，对于那些摆放在开放式保鲜柜的蔬菜，需要将"温度检测"的日常管理行为，通过"可视化"的形式，直观传达给顾客。

通常来说，作为超市中蔬菜部门的销售员，一般只关注摆放在平台货架上的蔬菜鲜度，往往忽略那些陈列在开放式保鲜柜中的商品鲜度。

但对顾客而言，之所以购买开放式保鲜柜中的商品，不是"因便宜才买"，而是"因需要才买"。

所以，如果开放式保鲜柜中摆放着鲜度较差的商品，就容易引起顾客的"极度不满"。

实际上，从顾客的角度去判断门店商品的新鲜标准时，顾客会出乎意料地以"保鲜柜中的常规商品"的鲜度作为评价依据。

因此，门店需要格外重视那些开放式保鲜柜中的商品，要确保"每天进行 2 次以上的鲜度检测"，还需要通过直观可视的方式，将严格执行鲜度管理的"事实"展现给顾客。

当然，大前提是，除了向顾客提出鲜度管理的宣言口号，更需要每天按照规定，严格执行商品温度检测的工作。

通常，在超市的蔬果专员看来，相对于上面介绍的散装蔬菜，以及保鲜冷柜的蔬菜保鲜，"根茎类蔬菜"是属于鲜度管理标准要求最低的一类。

然而，由于"根茎类蔬菜"属于顾客家庭烹饪中使用率相对较高的商品，所以在购买这类食材时，顾客通常不会只买一次的用量，而是批量购买。

所以，买到食材之后的"新鲜度"，才是顾客认可的鲜度标准。

基于上述原因，如果门店在做到明确标注"保质期"的同时，确定"限时销售"的具体时间，也就是确立严格的"鲜度标准"的话，门店必然会赢得顾客的高度信任和支持。

这就是我所提倡的"超级鲜度"的标准。

新常识3 用蔬菜的"甘甜"回馈社会

在大多数人的印象中,"甘甜"和"蔬菜"之间好像并没有什么必然的关联。

但如果追求蔬菜自带的"甘甜"味道,就会赢得顾客的支持与喜爱。

这是由于大多数儿童都"不喜欢吃蔬菜"。

而作为家长们,又都希望孩子们"尽可能多吃蔬菜"。

因此,如果超市方面能提供"甘甜可口"的蔬菜,并能让小朋友从此变得"喜欢吃蔬菜",就会具有重大的社会意义。

而且,称得上是非凡的"社会贡献"。

众所周知,能给人以"甘甜"感觉的蔬菜,通常指番茄、红薯、玉米、胡萝卜、洋葱、南瓜等食材。

除此之外,近年来,还出现了甜白菜(霜降白菜)、甜大葱(下仁田大葱/九条大葱/弯葱等)、甜卷心菜(糖心卷心菜)等新品种。

针对这些带有甜味的蔬菜,也可以采用与水果部门同样的做法,通过"试吃对比"活动,将蔬菜的"甘甜"以可视化的形式传达给顾客。

这样一来，妈妈们为了让那些原本不爱吃蔬菜的孩子也能摄取大量蔬菜，会特意选择到您的超市购买蔬菜。

新常识4 "美味"可提升门店的"品格"

此外，有些蔬菜虽缺乏"甘甜"的味道，却具有"美味"的口感。

我们可在卖场中备齐这类蔬菜，并在"美味"上，展开可视化。

这样的话，就能真正起到提高"门店品格（STORE ROYALTY）"的功效。

比如，土豆、洋葱、山药、芋头、莲藕、黄瓜、南瓜等蔬菜，就属于这类"美味"的范畴。

关键之处在于，门店要精选出那些顾客品尝时能"非常明显"地感知到味道上有差异的食材。

还要通过"故事POP"的广告形式，将"美味"以可视化的方式呈现给顾客。

也就是，要清晰地表达出"这款蔬菜的美味，究竟体现在哪些方面"。

为此，若销售员能将实际品尝后的口感，亲笔手写在POP广告上，必然能如实传递给顾客，从而激起顾客的购买欲望。

实际上，人类的特点是，一旦尝过一次美食，将会终身难忘。

对此，我一直坚持的理论是：

"便宜能让人省出钱来，
而美味留下的是美好回忆。"

因此，门店如果能将这份"美味"有效传递给顾客，那么您所在门店的"品格"必会得到提升。

新常识5 "应季销售"要开展两次！

我们知道，当时令蔬菜处于"应季"期间，大量上市的阶段，无论门店如何努力推销，都很难与其他门店形成差异。

那么，门店面向顾客打造"应季"的可视化时，应该选择哪个时机，才能真正实现差异化竞争呢？

那就是"应季的开始"。

一般来说,"应季的开始"之际,按照针对时令蔬菜所采取的不同销售策略,超市企业通常会被划分为两种类型。

一类是,"将时蔬陈列在开放式保鲜柜内,作为常规化商品进行销售"的企业。

另一类是,"摆放在平台货架上,几乎不为赢利,只做促销"的企业。

不同的策略自然造成了在"应季"销售上的胜负之分。

显而易见,胜利属于后者。

这是由于,到了"应季成熟期",无论哪家企业都会加大力度全力推销应季商品,自然难以形成差距。

但是,在"应季的开始"之际,由于绝大多数企业都还处于尚未发力的阶段,门店若能抓住这一时机,必然可以与其他对手形成绝对差距。

最重要的是,对顾客而言,时蔬的新品上市会令顾客眼前一亮:

"哎……不知不觉,已经到了这个季节了。"

也就是,一种"惊喜的效果"会油然而生。

正因为如此,我才会建议"应季销售要开展两次"。

这样就形成了门店蔬菜在应季上的特色。

所以在"应季商品"上,必然会赢得顾客压倒性的支持。

精肉部门

新常识1　激活卖场，消除顾客心中的各种"不"

众所周知，与蔬果部门、水产部门有所不同，精肉部门因商品缺乏时令季节的变化，所以不存在"应季"的特点。

为此，很多行业人士都会感叹，"精肉部门往往很难打造出与其他门店在差异上的可视化"。

不过，依然有方法可循。那就是"消除顾客心中的'不'"。

只要门店将顾客在购物过程中所感受到的"不满、不快、不便"的问题逐一消除，就可以形成差异，而实现竞争突围。

比如说，

· 在烤肉类商品中，除了牛肋扇，还有没有其他既便宜又好吃的肉呢？

· 在烤牛排用的肉品中，能否提供比牛腰肉更便宜且好吃的肉呢？因为牛腰肉的价格贵了一些。

·在炸猪排中，难道只有里脊肉可选吗？因为通常只要一说猪排就只有里脊肉可选。

·在鸡肉的吃法上，除了干炸鸡块，就没有别的选择吗？因为每次都是如出一辙的商品提案，没有任何新意。

也就是说，卖方需要努力找出顾客对商品的"不满、不快、不便"之处，并想法设法消除其中的"不"，这样才能最大限度地满足顾客的隐性需求。

具体来说，首先，门店需要针对各类商品分别展开分析，将那些"顾客感到不满、不快、不便"的方面，一一挖掘出来。

比如，以烤肉类商品为例。顾客可能会对烤肉存在以下的疑问：

·"这份烤肉是几人份呢？"

·"这种肉的口感是松软还是偏硬呢？"

·"除了牛五花肉，还有没有其他更便宜又好吃的肉呢？"

·"用猪肉做的烤肉味道会好吃吗？而且哪个部位的肉好吃呢？"

·"这个套餐，价格是不是有些贵呢？如果有便宜些的，能便宜多少呢？"

门店方面，需要挖掘顾客的心声，分析出顾客心中那些"无声的声音"。

在"挖掘"出顾客的心声后，需要进一步消除这些"不满、不快、不便"的各种问题，并将具体解决方案通过可视化的形式呈现给顾客。

那么，针对上面的顾客不满，我们可以采取下面的措施。

①通过POP广告进行更为详细的商品说明。

②借助商品标签来实现可视化（比如几人份等）。

③改换商品名称。

那么，我们再谈谈烤肉商品。不知道在各位卖场中，那些陈列在烤肉主题区的烤肉商品，是不是还贴着那千篇一律的"烤肉"标签呢？

都是同样标签的话，贴签的意义又何在呢？

也许，在顾客心中，就会发出这样"无声的声音"：

"不用贴签，也知道这些都是烤肉！""应该更具体地标明才行！！"

对于卖场中的精肉商品，如果能按照肉的不同用途划分，诸如"牛排用""炸猪排用""涮肉/寿喜锅用""干炸（唐扬）鸡块用""酱汁蘸料烤肉用""肉馅用"等，贴出不同的标签，同时全面展开"消除顾客的各种不满"的各种措施，相信卖场会发生巨大转变，赢得顾客的满意与支持。

新常识2　向顾客展示"鲜度"上的差异化

"精肉竟然也能在'鲜度'上，实现差异化？"

"根本是无稽之谈！"

我想，持否定态度的人不在少数吧。

但是，我依然坚持要求客户企业的精肉部门，贯彻执行商品在"鲜度"上的管理。

首先，针对"肉馅"商品，前面在第3章中也提到过，肉馅在加工制作过程中，必须通过高温的"绞肉机"，也就是必须经过100℃以上的高温环境。

这样一来，必然导致其鲜度比其他商品更容易下降。

而大家都知道，"肉馅"商品的用途非常广泛，通常可用在汉堡肉饼、饺子、麻婆茄子等各种美食中，也就是多用于"以儿童为对象的料理美食"中。

所以，顾客会希望购买到那些新鲜且优质的肉馅。

"为了孩子们的健康。"

所以，我们需要彻底提高精肉的"鲜度标准"，同时打造出鲜度上的"可视化"。

在我服务的客户企业当中，在鲜度的标准上，要求最严的企业执行的标准是"3小时的限时销售"，最低标准也是"5~6小时的限时销售"。

当然，一定会有人反对：

"这么严格的话，损耗率肯定会上升。"

对此，我再次强调一下，"未做之前，不能妄下结论"。

因为实际情况是，如能严格执行鲜度标准，损耗率会有所下降。

而且，除了肉馅，包括"肉丝（肉片）""鸡肉"等商品也是如此，同样能降低损耗率。

特别是"肉丝（肉片）"，若能严控鲜度标准，就可提高商品的"品单价"①。

之所以这样说，是由于肉丝（肉片）在烹饪上用途比较广泛。所以，如果超市能推出价格便宜且新鲜的肉丝（肉片），顾客就会大量购买。

实际上，我所指导的客户企业，几乎都能达到"当日售罄"的程度。

而且，这些企业经营的所有商品，在"鲜度标准"上，都

---

① 品单价是指短时间内所销售商品的单位平均价格。计算方法是总销售额除以销售件数。

会超过其他门店。

总之，我一贯主张，"关于肉类商品，从顾客买回家之后的鲜度上，才能真正看出门店的实力高低"。

新常识 3　改变思路，打造商品化！

"牛排＝牛上腰肉"

"烤肉＝肋扇肉"

"炸猪排＝里脊肉"

"干炸鸡块＝鸡腿肉"

"汉堡肉＝混合肉馅"

以上都是在精肉行业，众所周知的常识。

现实情况却是，

· 还有比牛上腰肉更便宜且好吃的牛排肉。

· 肋扇肉虽说适合做烤肉，但其实还有这种肉也能做烤肉之用。

· 还有比里脊肉更好吃的炸猪排，您知道吗？

· 干炸鸡块中虽说用鸡腿肉味道不错，稍微换一下怎么样？

- 在汉堡专卖店，实际使用的是这种肉馅。

也就是说，我们不应一直被固有思维束缚，而应不断为顾客提供创新提案，这样才能当之无愧地成为真正的"精肉专家"。如果不去尝试创新，会导致无法"赢利"。

总而言之，我们要敢于打破常识束缚。唯有转化思路，才能开发出各种新品，并通过"可视化"传达给顾客。

新常识 4　相比过去的"实惠感"，已进入"分量感"的时代

我们知道，由于以前顾客在购物时，比较注重价格的实惠。因此，顾客的表现就会是这样："觉得'3 盒任意搭配只售 1000 日元'的价格便宜，明知不需要那么多，依然会买。"

如今顾客的消费理念截然不同，**不需要的商品即使再便宜也不想买**"。

今后的卖方也必须对应顾客需求的变化而做出改变，也就是，营销策略需要从以往的"实惠感"向"分量感"转换。

而所谓"分量感"，是指商品"分量的可视化"。

第5章 | 各部门"营销方式"的新常识

也就是,通过贴在商品上的标签信息,明确向顾客提示出,"该商品大约是几人份"。

照片30 将"推荐顾客选购该商品的理由"进行可视化的POP广告。在配置POP后,商品销量翻了一番。

照片31 年末的寿喜锅主题区卖场。商品明确标记出"×人份",也因此成为店内人气爆棚的卖场专区。

211

这样一来，顾客会因"认可"商品的分量而选择购买。这是基于今天这样环保意识普及的社会背景，那些"团块二代"主妇的消费感觉是：**不希望分量不够。但更不希望分量太大而浪费！"**

所以，"分量上的可视化"将成为今后精肉卖场的关键课题。

新常识5　少子高龄化时代的明星部门

在我看来，在生鲜食品的所有部门中，精肉部门是"最能体现'商家经营策略'的部门。

作为卖方，今后我们应该进一步，以"顾客的立场"去思考如何打造优质的卖场及商品。

之所以这样说，是因为我认为，在今后的时代背景下，精肉部会成为"具有成长性的部门"，也将成为"少子高龄化"时代的明星部门。

这是由于，那些从小就能吃上肉长大的一代人，如今已开始步入高龄世代。

而且，由于少子化时代的影响，"虽然因家族成员少而只能少量购买，但依然想吃到美味的肉品"，这样的市场需求正呈现出增加的趋势。

换句话说，由于今后无论老爷爷，还是老奶奶，"喜欢吃肉"的家庭会呈现出逐渐增多的趋势，在家族聚会的餐桌上，必然会出现更多的肉制食品。

所以说，在少子高龄化的今天，超市企业应重点强化精肉部门的商品，以顺应时代的发展需求。

水产部门

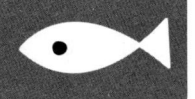

新常识1　打造"鲜度"的可视化

在卖场中，水产商品"鲜度"的可视化，传达给顾客的程度如何呢？

经"冷盐水处理"后的海鲜商品，在视觉上呈现出的新鲜感，可以说是"理所应当"的新鲜程度。

但在此基础上，门店需进一步提高鲜度标准，以达到使顾客"Surprise（惊喜）"的程度，还需要通过可视化的方式，将新鲜程度如实传达给顾客。

比如说，刺身通常只在"午餐"或"晚餐"时食用。

这样的话，为了向顾客展示新鲜度，对于那些"午餐"食用的刺身，就在上午加工制作，作为"晚餐"食用的刺身，则在傍晚才加工。也就是卖方要"站在顾客的立场"，强化商品。

换句话说，商家需要"站在顾客的立场"，来实现顾客真正想要的"鲜度标准"。

例如，顾客在傍晚来店买刺身，当看到卖场中刺身的包装上贴有"下午4点后制作的刺身"的标签时，会马上产生购买的欲望。

而对于那些在上午制作的商品，若傍晚依然没有售出，可如实告知顾客，并进行打折销售。

打折的幅度可设定在8折、9折。

这样的话，顾客在看到打折商品时，会认为，"反正都是今天制作的商品，买打折的就可以"。

从结果上看，门店打8折或9折，就能被顾客买走。

通过这样的折扣销售方式，就使得那些以前闭店前需打半价才能出清的商品，实现骤减。由此带来的益处是，损耗率不仅能不断降低，销售额也会不断增长。

然而，即便如此益处多多，在卖场尚未实施这一战略前，店长和采购负责人会遭到大多数水产部门负责人的威胁：

"这么做的话，损耗率肯定会增加，毛利润也必然会下降。"

照片32 借助可视化的促销展示牌,强化刺身商品的"限时销售"。

因为,这些部门负责人深知,店长和采购负责人的痛点,莫过于听到"损耗率增加""毛利润下降"这样的声音。

然而,现实情况是,这一战略一旦在卖场中实施起来,将呈现出完全相反的结果。

新常识2　彻底缩短咸鱼干的销售期限

大家知道,咸鱼干一般在什么时候吃呢?

是的,通常在"早餐"时食用。

尽管是第二天早餐才能用到的食材,依然有些超市在即将到期（当日到期）的咸鱼干上，贴上"半价促销"的标签，并在卖场中继续销售。

简直不可思议。

不过，对于每天都在水产部门忙于各种繁杂工作的员工来说，确实很难察觉到这种"不可思议"的现象。

顾客真正想要的商品是，"即便是明天早餐用的食材，也应离过期还有一段时间"。

因此，我们在卖场中设定各商品的销售期限时，需要考虑顾客对商品新鲜度的要求。

为此，我甚至会对所服务的客户企业提出这样的观点："应把那些7折、半价的打折标签全部废除。"

也就是说，商家应尽量缩短商品的销售期限，以确保折扣幅度在"8、9折"或是"立减×日元"时，商品就能售罄。

只要做到这点，就可加速商品的回转率，销售额也必然能得到改善。

新常识3 "港口直送"的活动策划只为打造"超级鲜度"

不知大家如何看待"海鲜港口直送"这种促销活动，您认为活动策划的主旨是什么？

如果认为是"为了降低海鲜成本，实现低价销售"，那么我建议还是放弃为好。

这是由于，考虑物流成本等各种因素的话，海鲜的成本不仅降不下来，反而会增加。

既然如此，为什么门店还要推行"港口直送"的促销活动呢？那是为了打造海鲜的"超级鲜度"，且"仅为了凸显海鲜商品的鲜感"。

"这可是今早还在日本海中活蹦乱跳的活鱼哦！"

试想一下，在卖场中，若配上带有类似这种充满诱惑性的宣传语、富有故事体验感的 POP 广告，就能将海鲜的"超级鲜度"表现得淋漓尽致。

除此之外，海鲜部门还推出了类似"是的！我们非常荣幸为您提供海鲜加工及烹饪服务"，这种带有附加价值的料理加工服务。

这样一来，在顾客的脑海中，就会涌现出这样的景象：

"这可是今早还在大海中生龙活虎的新鲜活鱼，而且商家还能按照我希望的烹饪方法，帮我做出美味的菜肴。味道一定很鲜美。这么棒的海鲜和服务，下次还要来这里购买。"

要知道，从心理学角度来说，顾客真正想要的是那些来自外界的刺激。商家也只有通过刺激才能激起顾客的购买欲望，并最终引发顾客的购买行为。

商家要能使顾客感觉到,"这家店不仅有很多非常新鲜的优质海鲜,还能提供烹饪料理的服务"。

这恰恰就是我们能奉献给顾客至高无上的"刺激"。

新常识4 打造"品质/美味"的可视化

关于本书中反复提到的"可视化",在我看来,可以理解为,"将那些原本从商品表面看不见的特性(品质和美味),通过直观可视的技术方法,清晰明了地展示出来,就是商品在'品质和美味'上的可视化"。

可以说,卖场中存在着很多看不见的信息。比如说,

·超市所售的大眼金枪鱼的鱼身到底有多大?而且,为什么要特意销售这种大型金枪鱼呢?

·所售的加拿大产红鲑鱼,和其他产地的鲑鱼究竟有哪些不同?

·所售的"鳗鱼"和其他店到底有什么区别?口感及味道又有什么不同呢?

·"特级小沙丁鱼"和"普通小沙丁鱼"的差距在什么方面?

等等。

在卖场中，商家如果能站在顾客的角度，将这些隐藏在商品背后的信息，清晰可见地传达给顾客，就可以说，实现了商品在"品质/美味"上的可视化。

反之，如果未能做到可视化，商品的"品质/美味"就无从传递给顾客，也就难以激发顾客的兴趣，最终难以引发顾客的购买。

在此，肯定会出现这样的反驳，"顾客只要尝过了，自然会认可"。

诚然，像水产区负责人的做法那样，通过"试吃对比"活动，能让顾客感知到商品的美味。

但是，通常顾客在购买前，商家不会进行试吃对比，也难以做到这点。

所以，在商品的品质及美味方面，我们不能期待顾客在"品尝后"才能了解，而应让顾客在"购买时"，就一目了然地获取到商品所传递的信息，并感受到商品的魅力。

我们知道，在卖场的水产区中，每一种商品又划分为几种SKU。不仅如此，陈列平台上摆放着来自不同产地的各种商品。

那么，在如此种类繁多的海鲜商品中，我们是否做到了，在"3秒"内，就能使顾客迅速识别各商品间的差异？

若不能将商品信息瞬间传递给顾客，那就是卖家的"失职"。

实际上,这里就隐藏着导致目前"水产部门"业绩低迷的真正原因。

那就是,忽略了商品在可视化方面的重要性。

因此,水产部门在急于"淘汰滞销商品"前,首先要认真评估一下,该种商品是否真正做到了"品质/美味"上的可视化。

如果能真正实现商品的"可视化",商品会发生戏剧性的转变,瞬间成为畅销商品。连过去那些卖不动的高档商品,也会从此变得畅销。

新常识5 打造"应季"的可视化

不知各位是否在自家店中,实现了"应季海鲜"的可视化?
那么,如何打造"应急海鲜"的可视化呢?比如说,

· 这种应季鲜鱼的应季期是"从什么时候开始,又到什么时候结束"?

· 在应季期,最美味的时期又是哪一时期呢?应季不是只是瞬间吧?

· 这种应季鲜鱼和往年相比,是价格更高?还是更低呢?

总之，只有将类似这样的"应季"信息传达给顾客，才能称得上"真正为顾客做到了应季海鲜的可视化"。

比如，我们可以向顾客传递类似这样的"应季海鲜攻略"，"应季是从什么时候开始，到什么时候结束"，在应季期，"这个时间段"的味道最美。

再配上，"在应季期，这样烹饪的话口味会最佳"这样的推荐信息。达到这样的程度，才能真正称得上是"行家的信息传递"。

相比之下，如在 POP 广告上只标注"现在正是某商品的季节"，恐怕只能被认为是"外行的信息传递"。

正因为如此，才会导致应季鲜鱼陷入卖不出去的窘境。

而实际上，各种海鲜食材都有其不同的应季期。

·金枪鱼有应季期

·螃蟹有应季期

·盐浸海鲜干货有应季期

·鲥鱼类有应季期

·刺身商品中，若能推出"应季鲜鱼刺身拼盘"，会是不错的选择

·日式锅料理中，若能推出"应季海鲜套餐"，可能会大受欢迎

·贝类有应季期

・海藻类有应季期

诸如上面介绍的各种应季商品信息，充分展现给顾客的话，当顾客在环顾整个卖场时，就会惊喜地发现不是只有鲜鱼类才有"应季期"，其实所有商品都存在"应季期"。

总而言之，商家如果打造出"应季海鲜"的可视化，就可释放出商品所蕴藏的"巨大商机"，销售业绩也必然实现增长。

新常识6　打造"走量销售"的可视化

近年来，POS 数据分析系统的高度化发展所带来的弊端，导致损耗率的"可视化"而引发问题。

那就是，在门店中，"来自总部采购的强制配货"变得越来越少。

门店在订货时，"只按能卖得出去的数量下订单"，"因为这样做的话，就能降低'损耗率'"。

正是这些所谓"行业常识"，造成水产部门的"售罄能力"逐渐下降。

门店订货量减少，而无从开展"走量销售"活动（单品营销）。

正是以上原因，才导致门店整体销售额的不断下滑。

实际上，采购人员对这些问题都了如指掌。

但是，由于采购人员"不愿承担责任"，所以不会提出任何建设性的建议。

于是，整个水产部门都弥漫着"No play，No error（不做就不会出错）"，这种不作为的经营体质及风气。

这恐怕就是造成了今天"经营结构不振"的根源所在吧。

对此，我给出的建议是，水产部门应重新启动一次单品的"走量销售"。

这样一来，就能让卖场的负责人真正感受到，"大量"商品销售一空时，所带来的那份喜悦。

在我看来，有时我们需要"逼自己一把"。经常听到有人说，"无论怎样，反正硬是卖出去了"，而实际上，这种精神在销售中不可或缺。

不过，走量销售成功的关键，在于够聚焦商品的种类。如能聚焦到某一单品的话，就更容易开展走量销售。

而实施单品走量销售的关键点在于，有效运用"3-3-3"的原则，也就是，

- 确保 3 倍的陈列排面
- 展示出 3 倍的量感
- 配置 3 倍大的 POP 广告

如果能通过大量单品的陈列,营造出量大价优且富有活力的卖场,就可以说真正实现了"单品走量销售的可视化"。

综上所述,这就是"走量商品销售"的可视化方法。

新常识7 "食文化"正在被重塑

不知大家是否已经有所察觉,"海鲜商品的食文化"正悄然发生着改变。

对于"咸鱼干=早餐",这种传统固化的饮食观念,我们必须摒弃。因为在当今这样一个创新的时代,食文化正在被重塑。

比如,"鱼子酱"及"凉拌小沙丁鱼"不仅可作为早餐之用,在其他方面的用途也非常广泛。

而"烤干鱼",在满足早餐需求之上,晚餐的需求也在急剧增加。

另外,连刺身也已失去了"高档菜单"上原有的主角位置,被寿司取代。

更有趣的现象是,越来越多的主妇在买鱼时,甚至不知道卖场中的鱼叫什么名字。

可以说,她们不是"不吃鱼",而是"不懂鱼"。

所以，我才会反复强调，在卖场中必须大力推进商品的"可视化"。

究其原因，对于海鲜类商品，如果不能展现出商品的"鲜度""应季""美味"，就无法令顾客感知海鲜商品的魅力，也就无法激起顾客的购买欲。

熟食部门

新常识 1 从"家常熟食"到"精致美食"的转变

我经常在业内高呼，"家常熟食的时代已经结束"。

而关于熟食商品中"家常熟食和精致美食"间的区别，在本人所创建的水元流派中，定义如下。

- "家常熟食"，是指那些顾客虽然能在家中自己动手制作，但由于没有时间，所以需要在超市中购买的熟食菜品。
- "精致美食"，是指顾客在家里无法制作，或自己制作起来相对比较烦琐的菜品。

在过去,"家常熟食"可谓是超市中的主力商品。

"尽管在家里也能制作,但因为工作忙没有时间,所以需要去超市购买"。

换句话说,超市在帮顾客省时省力的同时,为顾客提供了"妈妈的美食"。

但由于无论哪家企业都强化"中食"部门(中食是指,在超市或饭店等购买,回到家里食用的菜品),伴随着熟食菜品不断被改良,几乎所有超市售卖的熟食在口味上都得到了很大提升,这也造成超市之间的"差异"变得越来越模糊。

不仅如此,冷冻食品和加热即食商品等各种熟食,也在口味上不断加速改良的步伐,使得那些仅用"微波炉加热一下",就足以作为晚餐美食的即食商品,呈现出不断增多的趋势。

在这样的背景下,今后熟食部门若想实现业绩增长,我认为唯有全力推进"从家常菜逐渐向精致美食切换"的软着陆。

这里需要提醒一下,并非全盘向"精致美食"的方向转型,而是逐渐调整方向,只有这样才能规避转型升级所带来的风险,容易平稳过渡。

那么,所谓"精致美食",具体是指哪些商品呢?

在接下来的内容中,将按商品类别分别加以说明。

新常识 2　油炸类商品的精致化

在油炸类的"精致美食"中，最具代表性的商品当数"天妇罗"。

特别是，炸什锦是天妇罗中最接近精致熟食的商品。

这是由于家庭用炉灶的火力无法炸出酥脆的口感，日式炸什锦的制作过程也需要一定的技术。

所以炸什锦是一种不适宜在家中制作的菜品。

如果在这种"炸什锦"的商品中，再配上一些应季蔬菜或应季海鲜，那么以每片 120~200 日元的价格进行销售的话，一定非常畅销。

这是因为"炸什锦"在家中无法制作，所以顾客购买与否的判断标准，与其说是"价格高低"，不如说是"需要或不需要"。

因此，即便是以每片 120~200 日元的高价位，也依然会畅销。相反，对于那些在家里就能容易制作的炸可乐饼等商品，就不能以这样的价位销售。

此外，"天妇罗组合套餐"也属于精致美食的范畴，这是因为虽然能在家里制作，但非常耗时。

因此，"一盒2~3人份，售价为1000~1500日元"的天妇罗套餐，也能销售出去。

不过，需要注意的是，在天妇罗的组合套餐中，"包含的炸品内容"和"份量（几人份）"，必须通过可视化的形式让顾客清晰可见才行。

这样的话，就会成为畅销爆款。

总而言之，在熟食部门的油炸类商品中，"打造精致美食的第一步，就是淘汰那些可乐饼等家常菜品"。

新常识3　烧烤类商品的精致化

唯有烧烤类商品，才称得上是最贴合"精致美食"的品类。

之所以这样说，是因为顾客家中不具备"蒸汽对流烤箱"这样的设备条件。

那么，具体什么样的商品才能称为精致美食呢？那就是"烤肉类熟食"。

例如，"烤牛肉""烤猪肉""炙烤猪肉""烤鸡肉""炙烤鸡肉"等，都可归属于"精致美食"的范畴内。

不过，对于这类"烤肉熟食"，若仅停留在放入独立包装盒内就直接售卖的水平，恐怕很难销售出去。

归根结底，关键要重视商品形象，也就是打造商品化。

具体来说，就是要达到"当顾客看到这些菜品时，能瞬间联想到在法式餐厅或在高级酒店尽享自助餐的场景"的程度。

而打造出精致美食的"潮流感"，是成功的关键所在。

新常识 4　沙拉类商品的精致化

对于沙拉类商品，需要从传统的"蛋黄酱类的沙拉"向"生蔬沙拉"转型。

这就是沙拉类商品的精致化做法。

将生蔬沙拉成功打造成"精致美食"的典型代表，就是位于地下百货的"RF1"中的"柿安 DINNING"[1]。

由于当今消费者崇尚"健康理念"，我认为今后的发展趋势是，不仅沙拉专卖店，包括超市行业，都会向生蔬沙拉转型升级。

可超市面临的关键问题，是如何打造沙拉菜品的"潮流感"

---

[1] 日本柿安本店是 1871 年创建的老字号店铺，柿安 DINNING 店主要销售使用当季蔬菜、肉类等制作的便当料理。

和"季节感"。

为此，如何做才能实现菜品升级呢？

那就是，唯有通过"效仿"模范店的方式。

也就是，需要熟食部门彻底效仿百货地下食品馆中的沙拉专卖店的做法。

可令人遗憾的是，在现阶段，超市尚不具备沙拉商品这一领域的技术经验。

总而言之，超市的熟食部门如果不尽快着手，以实现从"蛋黄酱系列沙拉"到"生蔬沙拉"升级转型的软着陆，当真正意识到危机之时，将会为时已晚。

新常识5　西式菜的精致化

在超市的"西式菜=精致美食"的菜品当中，我认为能被划入精致美食范畴的，应是那些"煮制品"。

原因是这些"煮制品"，

- 可使用微波炉加热（托盘在内一起加热）
- 在家庭中制作的话，费时费力
- 菜品做成后，即便放置一段时间，口感也不会降低

· 可应对那些单身顾客的美食需求

例如,"西式炖牛肉""法式蔬菜浓汤""卷心菜包肉""鸡肉番茄煮"等菜品,都比较适合列入"精致美食"的范畴。

而且,我个人认为,这类熟食商品今后会急速增长。

理由是,这类熟食最能令顾客感受到,"在西式餐厅才能品尝到的美食,竟然在家里也能吃到",由此实现顾客"内心的满足感及富足感"。

新常识6　便当类商品的精致化

关于便当类商品的精致化,我认为,应理解为从以往的普通便当向"御膳便当"的转型。

对于那些包含了从"米饭"到"精致菜品""餐后点心(甜点)""小吃",也就是网罗了各种美食的便当,我定义为"御膳"。

作为"御膳"的典型代表,就是搭配9款菜品组合的"松花堂便当"。

我认为,今后这种"御膳"便当,在周末或节日期间的销量,会呈现出强劲的增长趋势。

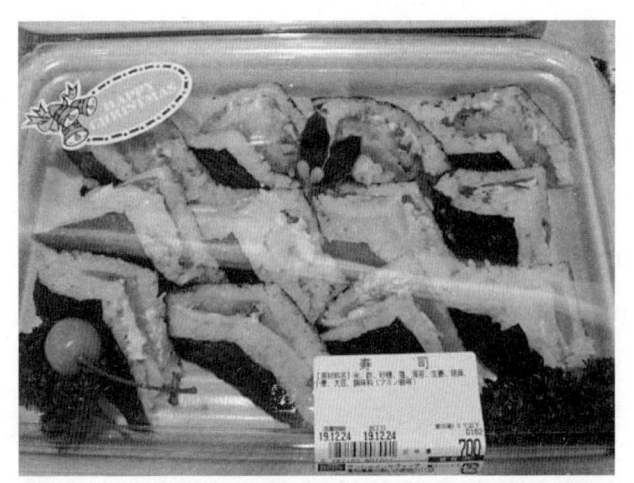

照片33 "融入西式元素的寿司"的新商品。在圣诞节、女儿节、儿童节等节日尤其"火爆畅销"。

照片34 自助式的正宗"大厨料理"。该主题区的销售额达到了熟食区总销售额的20%之多。

不，现实情况是，这类御膳便当在"女儿节""赏花日""敬老日"等节日中，已经销售火爆。

而且，即便这类便当售价高达 800~1500 日元，顾客也没有表现出一丝的抵触而愿意购买。

如今，即便在超市卖场，也已经出现了这类便当热销的场景。

鉴于这样的趋势，我们也开启从普通便当向"御膳"的转型升级，最终实现"精致美食"的软着陆吧。

这样一来，必然能打造出与其他门店巨大的"差异"可视化。

新常识 7 对应"感性消费"的时代

实际上，"感性消费"这一新词，是由我本人所创。

今后的时代，"感性"将会支配消费者，并掌握消费的主导权，对此，我坚信不疑。

尤其是超市中的熟食区，会成为最容易让顾客产生"感性消费"的部门。

而且，这种情况已经在现实中真实上演。那就是"日本百货地下食品馆"。

当超市同行们看到"百货地下食品馆"热闹非凡、人流涌动的场面时,往往会发出这样的感慨,"价格这么贵还卖得这么好啊""不愧是高档百货啊""不愧是大城市啊"。

但是,顾客绝不会仅凭价格高低来作为购买的判断依据。

在那些熟食类商品(精致美食)中,主妇们往往会对那些"相比自制,味道更可口,或更有潮流感的菜品",表现出强烈的购买意愿。

相比之下,那些仅凭价格的"高低"来作为判断标准的顾客,至少不会愿意购买百货地下的这些高档熟食(精致美食)。

毕竟,自己动手做的话,从成本上会便宜很多。

综上所述,在分析顾客消费动机时,对于那些不是依据"价格"来判断,而是凭借"感性"的购买行为,我才会称之为"感性消费"。

在这样消费不断升级迭代的时代下,今后的超市熟食(精致美食)卖场,必须全力以赴应对顾客在"感性消费"上的需求。

为实现这一目标,门店需要为那些在熟食部门工作的员工,提供更多的机会,去近距离接触并体验"精致美食"的成功案例,这一点至关重要。

如果没有亲身感受过良好的体验,就无从提高自身的感性。

为此，需要对员工们贯彻感性方面的培训。具体方法上，可以带领他们去"百货地下食品卖场实地参观考察"，或是"请他们去时下流行的餐厅就餐"等各种形式，重要的是要培养并磨炼他们的感性。

也许，会有经营者提出反对意见，"就为了一个熟食部门，真没必要做这么大的投资啊"。

这恐怕是他们经常的说辞吧？

对此，我想强调的是："今后将进入中食的时代！！也就是，顾客会更愿意在外面买熟食带回家吃。强化熟食类商品将成为今后超市在残酷竞争中的生存之道！！"

对于如此重要且必须强化的部门，企业又怎能吝惜投资呢？

新常识 8　"跳脱常识"是激活门店的引爆剂

众所周知，在熟食部门存在两大常识。即，

- 调整商品陈列数量，以降低损耗率
- 打造商品的"实惠感"

"这样做真的没问题吗？"在指导现场，针对这些常识，我经常对客户企业抛出这样的问题。

首先,当提出"调整商品陈列数量,以降低损耗率"时,会出现什么情况呢?

结果会因陈列数量的降低而陷入"缩小平衡"状态,最终必然导致销售额下降。关于这一点在第 3 章中也阐述过,对熟食商品来说,"商品的陈列数量=销售额"。

这是因为,熟食中 80% 以上的商品都仅有"1 天的销售期限",陈列数量与销售额是完全成正比的关系。

既然如此,就要考虑通过"调整商品加价率"这一方法,来达到即便因降价折扣的损耗增多,也能确保足够利润的目的。

"说得轻松,如果提高售价,商品可能就卖不动了。"

的确如此,若仅提高了商品售价,肯定会卖不出去。

所以,我们在提高售价的同时,还要开展"商品的升级迭代"。

具体来说,从商品的分量、拼盘,到商品名称在内,都要进行改进,以打造成为"新的商品"。

总而言之,为迎合顾客"感性消费"的时代发展需求,需要对商品进行升级迭代,这样才能为顾客打造出更具有"潮流感"和"美味感"的熟食商品。

针对前面提到的另一常识,"打造商品的实惠感"上,我认为,过去一直推崇的"实惠感"的时代已经结束。

今后，相比于"实惠感"，"分量感"更受重视。

所谓"分量感"，是指通过明确标记出"×人份"的信息，实现商品在量上的可视化。不知大家在所在门店的熟食商品上，是否也做到明确标记"×人份"了呢？

而且，通过向顾客展示在份量上的"可视化"，就可以从过去的"实惠感"中解脱出来。

不仅如此，若实行"分量感"上的可视化，还能起到提高商品单价的功效。

从结果上看，自然会提高经营效率。

比什么都重要的是，门店的销售额会得到提升。

若不能敏锐地察觉到"分量感"的重要性，那么熟食部门无论何时，都将被一直看作门店中"收益较差的部门"。

从某种意义上说，向"分量感"转型，也意味着向"收益高的部门"的转型升级。

食品杂货部门＆日配部门

新常识1　颠覆顾客的常识

其实，在超市食品杂货和日配的卖场中，存在很多固有观念，比如说，

- "关东煮的速食套装在冬季比较畅销"
- "柚子醋在秋、冬季节最为畅销"
- "日式年糕在冬季相对畅销"
- "冰激凌在夏季才能卖得好"
- "寿喜锅的酱汁在冬季更畅销"
- "润喉糖在冬季比较畅销"

但是，如果商家都"按照常识展开营销"，那么必然会陷入"同质化竞争"当中。

而同质化竞争，最终的结果是会陷入"价格/低价"的战役

当中。到了这一步的话，门店根本无从获取利润。

正因为如此，如果我们能做到"颠覆常识"，就能从同质化竞争中解脱出来，而避免深陷白热化的"价格/低价"战役。

总而言之，只需要选准"切入点"。一旦能找到切入点，最终就能赢得"一人独胜"的局面。

那么，怎样才能找到"切入点"呢？

比如，可以尝试从"料理"方面来找"切入点"。

以日配商品为例来说的话，

- "在冬季的'辣白菜火锅'中通常会使用辣白菜吧？那么，就对那些最适合用于辣白菜火锅的其他商品，尝试进行关联销售"。

- "通常喝勾兑烧酒的时候需要放梅干吧，那么在冬季向顾客推荐'勾兑烧酒'时，可尝试销售国产的厚肉梅干商品"。

- "关东煮的速食装商品，可在夏季进行冷藏，尝试推出'夏日凉煮料理'。毕竟，夏季也想吃煮制料理啊"。

- "可以把凉粉作为具有减肥功效的健康食品，尝试在正月过后进行销售"。

- "在夏季为保持身体健康，可尝试向顾客提案'蔬菜沙拉乌冬面'"。

像这样，只要努力找寻并选对"切入点"，就能为顾客源源不断地创造出"新的市场需求"。

如果我们能放下"辣白菜=夏天""关东煮速食装=冬天""乌冬面=秋冬季""凉粉=夏天"等,这些传统守旧的固有观念,就会顿然发现原来蕴藏着如此多的"商机"。

接下来要做的工作,无非是通过"可视化"传达给顾客。

如果我们能具备"跳脱常识"的创新思维,就会发现在"价格/低价"之外,方法创意无限,而商品畅销所带来的"喜悦"也会因此层出不穷。

这样下去的话,"毛利率"必然会得到提升。

接下来,我们再针对"顾客需求"方面,做一些创新型思考。

以食品杂货为例,比如说,

- "切块年糕,在夏日忙碌的清晨,为老公和孩子们准备一份烤年糕如何。非常耐饿哦"。

- "做土豆炖肉时,要是加入一些寿喜锅的酱汁,就能轻松地做出美味土豆炖肉哦"。

- "在夏天,做沙拉、烤肉、冷涮肉、烤鱼等各种料理时,都可使用'柚子醋',简直就是夏天菜谱的全能选手哦,尝试一下怎么样啊"。

- "夏天感冒时,咽喉一定很痛吧。不如常备些润喉糖,怎么样啊"。

像这样，通过敏锐捕捉顾客"生活场景"中的各种变化，商家可不断推出各种新的生活提案，来应对顾客那些尚未被满足的"新需求"。比如说，

·针对那些"虽然想在家吃早餐，但因为早上时间太紧，而只能空着肚子出门的家庭"，可推出简单易吃的"切块年糕"这种提案。

·向那些"认为土豆炖肉很难做，而不擅长烹饪的主妇们"，可提出"使用寿喜锅的酱汁"的提案。

·随着顾客食生活的不断变化，可向顾客推荐用柚子醋做菜的提案，并强调实际上柚子醋在夏季的用途远多于冬季。

·由于室内空调的普及，夏天感冒的人呈现出增多的趋势。而夏天感冒的特征之一是"咽喉疼痛"。所以向顾客提出"润喉糖"的提案。

总体来说，与10~20年前相比，我们的"生活环境"已经完全不同。但商家针对顾客生活的提案内容，却依然没有改变。

所以说，在日新月异的今天，我们如果能为顾客不断提供新的生活方式提案，就会发现"商机"无处不在。

新常识2 "故事"式营销，才是真正的技术力

不过，即便是向顾客推出那些"跳脱常识"的创新提案，如果还是一如既往地使用那些只标注"商品名称和售价"POP广告，商品依然完全卖不出去。

这是因为，"顾客根本没注意到"商家的创新提案。

为了"引起顾客的注意"，就必须搭配那些具有"故事"化的商品信息POP广告。

- 为什么要销售这款商品？
- 为什么要在这个时期，特意销售这种不合时令的商品？

也就是要将上述理由通过POP广告的形式，清晰明了地传达给顾客。

这样，顾客在看到POP广告上的说明时，就会产生共鸣而发出"原来是这样"的感慨，由此可能打开通往"爆发式畅销"的大门。

然而，现在的超市，可以说完全没有达到"故事营销"的高度。

所以，会深陷"低价大战"的恶性竞争当中，也因此无论何时都难以从那异常的"低毛利"陷阱中摆脱出来。

由于商品性质不同，对于食杂、日配、休闲食品、杂货、酒水等卖场，往往不需要生鲜部门那样的"技术和技能"。

而这种"故事营销"的能力，恰恰就构成了这些部门需要具备的"**技术和技能**"。

因为，若能为商品配上"故事"POP 的信息，就能使那些"高毛利"商品由此变得畅销。而这就是真正杰出的"技术和技能"。

新常识 3　商品从"广度"到"深度"的转换

在我看来，今天，无论在规模多小的超市中，杂货类商品（包括食品/点心/日用品）从整体上看，商品种类至少都要达到 1000 种。

其中，畅销商品大概占到一成吧。但如果在商品的"品类聚焦"上过度发力，就会变成没有特色的门店。

在第 3 章中提到的图表 4 "水元流商品营销 MD 矩阵"中，我将商品划分成"特色商品""走量商品""价格诉求型商品"3

大类别。

当然，肯定会存在一些不属于矩阵中任何一类的"商品种类"。不过，可首先对门店的各种商品进行分类，并尝试放入MD 矩阵中。

在此，顺便再补充一下这 3 大类商品的经营思路。

• "特色商品"——那些只有自家店才有的商品。是有"安全/安心""素材""美味"等独特亮点，能以明确的特色作为切入点的商品。

• "走量商品"——那些畅销且能赢利的商品。

• "价格诉求型商品"——那些顾客对价格比较敏感的商品。也是经常出现在每日促销海报上的商品。商品价格在所在的商圈范围内属于最低价。

我经常对客户强调，门店若能非常明确地按照这三个"切入点"来搭建品类，才能称得上"有深度的品类组合"。

如果打造成在"3 秒"内，就使顾客迅速识别的卖场，可称得上绝对完美。

而为了能在"3 秒"内让顾客清晰识别，门店需要针对这三大类商品分别采取不同的对策。

• "特色商品"——通过搭配"商品信息的 POP"宣传广告，来传递商品在哪方面具有"特色"。

・"走量商品"——需要扩充商品的排面，并配置与商品排面同宽的POP广告。

・"价格诉求型商品"——通过POP广告实现"低价"的可视化（使用不同颜色的POP等方式）。

最近，经常会看到一些门店为了盲目追赶潮流，而东拼西凑般地过度导入"特色商品"。但实际上，作为"特色商品"，只有当"特色"被充分传达给顾客，才能发挥出真正的意义。

还有很多企业认为，只要引进"特色商品"，就能提高门店的毛利率，实际上都是"错觉"。

说到底，"特色商品"，只是为了提升"门店品格（STORE ROYALTY）"的商品。

若希望达到提高毛利率这一目的，门店需彻底实行"走量商品"的销售活动。

还需对那些"跳脱常识"的商品，通过搭配故事化商品信息的广告形式，向顾客充分传递信息，从而达到促进销售的目的。

总之，我将这种"有深度的品类组合"称为"包围战略"。也就是说，它是一种针对竞争店的商品而采取的包围作战方式。

如果门店在商品品类组合上，从竞争店所没有的"特色商品"，到可以和竞争店进行价格抗衡的"价格诉求型商品"，都备齐的话，即便是与那些在面积规模上比自身更大的门店，也

245

能进行抗衡。

之所以这样说，是因为在门店陈列的众多商品中，真正能卖出去的商品仅占一成左右。

所以，门店需要将品类结构中商品的真正"意义"及"理由"，通过可视化的方式，清晰明了地传达给顾客。

这样一来，才能触动顾客心中的"感性"，从而激发顾客的购买行为。

总而言之，如果我们与其他竞争店，销售同样的商品，并陈列在同样的位置，且采用同样的营销方式，就绝不可能实现赢利。

但是，如果我们能找到不同的"切入点"，或是"转换思维方式"，就能取得完全不同的结果，希望各位能清晰地认识到这一点。

后 记

唯有变通，才能存活

——观点一转变，方法无限多

最终能存活下来的，

既不是强者，

也不是智者，

而是能适应变化的。

(物竞天择，适者生存)

这是大约 150 年前，查尔斯·达尔文在《进化论》中的一句至理名言。

也是我最喜欢的一句话。

在今后的时代，能存活下来的既不是"强者"，也不是"智者"。

唯有那些乐于变化，并敢于实践的企业才能赢得生存。

"No play，No error"（不做，就不出错）。

通常来说，企业发展越大，就越容易在不知不觉中被这种思想侵蚀。

"在不断变化的时代中，自身若不能随之而变，必将被无情淘汰"，尽管人尽皆知，却不愿主动求变。

因为"畏惧变化"。

因为害怕舍弃那些"过去的成功经验"。

后　记 | 唯有变通，才能存活

但是，如果畏惧变化，就将被无情地卷入惊涛骇浪之中，被行业淘汰。那么，我们应该如何适应这个快速变化的时代？

答案是，重视"个体"。

从某种意义上说，这本书，既可以作为"某个店"的参考，也可以作为"某个人"的借鉴，可以说，我是以此为焦点撰写的本书。

"商人（买卖人）"。

日本，拥有日本独特的，优秀的"商人（买卖人）"文化。

所以，如果在超市中辛勤工作的每一个个体都能提升自己的"人间力"[①]，那么日本的超市就一定能在奋力开拓中成长，而发展出新的局面。对此，我坚信不疑。

与其抱怨"公司不能给予任何支持""总部不能给予任何帮助"，不如将本书中所介绍的知识要点，在门店、部门、个人层面都尝试实际运用一下。

我坚信，一定会发生巨大的变化。

"无论你认为自己'能做'，或者'不能做'，

你都是对的。

只是结果不同而已。"

（亨利·福特）

[①]　人间力是指成就自我和帮助他人的能力，包括使命感、想象力、热情、责任感、说服力、专业能力、表现力、管理能力等。

"行动才能出真知。"各位,"决定"后,就请立即付诸行动吧。

"一定会畅销,坚信不疑!"

最后,对我最爱的妻子和家庭,对我最爱的各位同事,对一直相信并支持我的合作企业的所有员工,对我个人博客"商人传道师1日1言"的忠实读者,对流通行业网络电视节目"商人NET"的全国观众,还有对阅读此书到最后的您,表示衷心的"感谢"。

流通行业专业网络 TV
"商人 NET"
http：www.akindonet.com/

今后将是"急剧变化的时代",存活下去的关键是"教育"和"信息共享"。而能真正实现这两个方面的,就是"商人NET"。

注册方式非常简单。免费注册会员。无论是公司还是个人,都可以轻松成为会员。

无论您身处日本何处,"商人 NET"都能让您拥有良好的"学习"环境并展开"信息收集",可谓是划时代的网站。

这是以"流通行业的教育维新"为目标的水元均先生主导运营的网络 TV。

若能灵活运用"商人 NET",您的店铺将取得进一步变化。

满载"商业信息、线索、启发"的"商人 NET"。

请立即开始检索吧。

我们承诺,为您送上"梦想""希望""勇气"。

关于"服务的细节丛书"介绍：

东方出版社从 2012 年开始关注餐饮、零售、酒店业等服务行业的升级转型，为此从日本陆续引进了一套"服务的细节"丛书，是东方出版社"双百工程"出版战略之一，专门为中国服务业产业升级、转型提供思想武器。

所谓"双百工程"，是指东方出版社计划用 5 年时间，陆续从日本引进并出版在制造行业独领风骚、服务业有口皆碑的系列书籍各 100 种，以服务中国的经济转型升级。我们命名为"精益制造"和"服务的细节"两大系列。

我们的出版愿景："通过东方出版社'双百工程'的陆续出版，哪怕我们学到日本经验的一半，中国产业实力都会大大增强！"

到目前为止"服务的细节"系列已经出版 115 本，涵盖零售业、餐饮业、酒店业、医疗服务业、服装业等。

更多酒店业书籍请扫二维码

了解餐饮业书籍请扫二维码

了解零售业书籍请扫二维码

"服务的细节"系列

书　名	ISBN	定　价
服务的细节：卖得好的陈列	978-7-5060-4248-2	26元
服务的细节：为何顾客会在店里生气	978-7-5060-4249-9	26元
服务的细节：完全餐饮店	978-7-5060-4270-3	32元
服务的细节：完全商品陈列115例	978-7-5060-4302-1	30元
服务的细节：让顾客爱上店铺1——东急手创馆	978-7-5060-4408-0	29元
服务的细节：如何让顾客的不满产生利润	978-7-5060-4620-6	29元
服务的细节：新川服务圣经	978-7-5060-4613-8	23元
服务的细节：让顾客爱上店铺2——三宅一生	978-7-5060-4888-0	28元
服务的细节009：摸过顾客的脚，才能卖对鞋	978-7-5060-6494-1	22元
服务的细节010：繁荣店的问卷调查术	978-7-5060-6580-1	26元
服务的细节011：菜鸟餐饮店30天繁荣记	978-7-5060-6593-1	28元
服务的细节012：最勾引顾客的招牌	978-7-5060-6592-4	36元
服务的细节013：会切西红柿，就能做餐饮	978-7-5060-6812-3	28元
服务的细节014：制造型零售业——7-ELEVEn的服务升级	978-7-5060-6995-3	38元
服务的细节015：店铺防盗	978-7-5060-7148-2	28元
服务的细节016：中小企业自媒体集客术	978-7-5060-7207-6	36元
服务的细节017：敢挑选顾客的店铺才能赚钱	978-7-5060-7213-7	32元
服务的细节018：餐饮店投诉应对术	978-7-5060-7530-5	28元
服务的细节019：大数据时代的社区小店	978-7-5060-7734-7	28元
服务的细节020：线下体验店	978-7-5060-7751-4	32元
服务的细节021：医患纠纷解决术	978-7-5060-7757-6	38元
服务的细节022：迪士尼店长心法	978-7-5060-7818-4	28元
服务的细节023：女装经营圣经	978-7-5060-7996-9	36元
服务的细节024：医师接诊艺术	978-7-5060-8156-6	36元
服务的细节025：超人气餐饮店促销大全	978-7-5060-8221-1	46.8元

书　名	ISBN	定　价
服务的细节026：服务的初心	978-7-5060-8219-8	39.8元
服务的细节027：最强导购成交术	978-7-5060-8220-4	36元
服务的细节028：帝国酒店　恰到好处的服务	978-7-5060-8228-0	33元
服务的细节029：餐饮店长如何带队伍	978-7-5060-8239-6	36元
服务的细节030：漫画餐饮店经营	978-7-5060-8401-7	36元
服务的细节031：店铺服务体验师报告	978-7-5060-8393-5	38元
服务的细节032：餐饮店超低风险运营策略	978-7-5060-8372-0	42元
服务的细节033：零售现场力	978-7-5060-8502-1	38元
服务的细节034：别人家的店为什么卖得好	978-7-5060-8669-1	38元
服务的细节035：顶级销售员做单训练	978-7-5060-8889-3	38元
服务的细节036：店长手绘　POP引流术	978-7-5060-8888-6	39.8元
服务的细节037：不懂大数据，怎么做餐饮？	978-7-5060-9026-1	38元
服务的细节038：零售店长就该这么干	978-7-5060-9049-0	38元
服务的细节039：生鲜超市工作手册蔬果篇	978-7-5060-9050-6	38元
服务的细节040：生鲜超市工作手册肉禽篇	978-7-5060-9051-3	38元
服务的细节041：生鲜超市工作手册水产篇	978-7-5060-9054-4	38元
服务的细节042：生鲜超市工作手册日配篇	978-7-5060-9052-0	38元
服务的细节043：生鲜超市工作手册之副食调料篇	978-7-5060-9056-8	48元
服务的细节044：生鲜超市工作手册之POP篇	978-7-5060-9055-1	38元
服务的细节045：日本新干线7分钟清扫奇迹	978-7-5060-9149-7	39.8元
服务的细节046：像顾客一样思考	978-7-5060-9223-4	38元
服务的细节047：好服务是设计出来的	978-7-5060-9222-7	38元
服务的细节048：让头回客成为回头客	978-7-5060-9221-0	38元
服务的细节049：餐饮连锁这样做	978-7-5060-9224-1	39元
服务的细节050：养老院长的12堂管理辅导课	978-7-5060-9241-8	39.8元
服务的细节051：大数据时代的医疗革命	978-7-5060-9242-5	38元
服务的细节052：如何战胜竞争店	978-7-5060-9243-2	38元
服务的细节053：这样打造一流卖场	978-7-5060-9336-1	38元
服务的细节054：店长促销烦恼急救箱	978-7-5060-9335-4	38元

书　名	ISBN	定　价
服务的细节 055：餐饮店爆品打造与集客法则	978-7-5060-9512-9	58 元
服务的细节 056：赚钱美发店的经营学问	978-7-5060-9506-8	52 元
服务的细节 057：新零售全渠道战略	978-7-5060-9527-3	48 元
服务的细节 058：良医有道：成为好医生的 100 个指路牌	978-7-5060-9565-5	58 元
服务的细节 059：口腔诊所经营 88 法则	978-7-5060-9837-3	45 元
服务的细节 060：来自 2 万名店长的餐饮投诉应对术	978-7-5060-9455-9	48 元
服务的细节 061：超市经营数据分析、管理指南	978-7-5060-9990-5	60 元
服务的细节 062：超市管理者现场工作指南	978-7-5207-0002-3	60 元
服务的细节 063：超市投诉现场应对指南	978-7-5060-9991-2	60 元
服务的细节 064：超市现场陈列与展示指南	978-7-5207-0474-8	60 元
服务的细节 065：向日本超市店长学习合法经营之道	978-7-5207-0596-7	78 元
服务的细节 066：让食品网店销售额增加 10 倍的技巧	978-7-5207-0283-6	68 元
服务的细节 067：让顾客不请自来！卖场打造 84 法则	978-7-5207-0279-9	68 元
服务的细节 068：有趣就畅销！商品陈列 99 法则	978-7-5207-0293-5	68 元
服务的细节 069：成为区域旺店第一步——竞争店调查	978-7-5207-0278-2	68 元
服务的细节 070：餐饮店如何打造获利菜单	978-7-5207-0284-3	68 元
服务的细节 071：日本家具家居零售巨头 NITORI 的成功五原则	978-7-5207-0294-2	58 元
服务的细节 072：咖啡店卖的并不是咖啡	978-7-5207-0475-5	68 元
服务的细节 073：革新餐饮业态：胡椒厨房创始人的突破之道	978-7-5060-8898-5	58 元
服务的细节 074：餐饮店简单改换门面，就能增加新顾客	978-7-5207-0492-2	68 元

书　名	ISBN	定　价
服务的细节075：让POP会讲故事，商品就能卖得好	978-7-5060-8980-7	68元
服务的细节076：经营自有品牌	978-7-5207-0591-2	78元
服务的细节077：卖场数据化经营	978-7-5207-0593-6	58元
服务的细节078：超市店长工作术	978-7-5207-0592-9	58元
服务的细节079：习惯购买的力量	978-7-5207-0684-1	68元
服务的细节080：7-ELEVEn的订货力	978-7-5207-0683-4	58元
服务的细节081：与零售巨头亚马逊共生	978-7-5207-0682-7	58元
服务的细节082：下一代零售连锁的7个经营思路	978-7-5207-0681-0	68元
服务的细节083：唤起感动	978-7-5207-0680-3	58元
服务的细节084：7-ELEVEn物流秘籍	978-7-5207-0894-4	68元
服务的细节085：价格坚挺，精品超市的经营秘诀	978-7-5207-0895-1	58元
服务的细节086：超市转型：做顾客的饮食生活规划师	978-7-5207-0896-8	68元
服务的细节087：连锁店商品开发	978-7-5207-1062-6	68元
服务的细节088：顾客爱吃才畅销	978-7-5207-1057-2	58元
服务的细节089：便利店差异化经营——罗森	978-7-5207-1163-0	68元
服务的细节090：餐饮营销1：创造回头客的35个开关	978-7-5207-1259-0	68元
服务的细节091：餐饮营销2：让顾客口口相传的35个开关	978-7-5207-1260-6	68元
服务的细节092：餐饮营销3：让顾客感动的小餐饮店"纪念日营销"	978-7-5207-1261-3	68元
服务的细节093：餐饮营销4：打造顾客支持型餐饮店7步骤	978-7-5207-1262-0	68元
服务的细节094：餐饮营销5：让餐饮店坐满女顾客的色彩营销	978-7-5207-1263-7	68元
服务的细节095：餐饮创业实战1：来，开家小小餐饮店	978-7-5207-0127-3	68元

书　　名	ISBN	定　价
服务的细节096：餐饮创业实战2：小投资、低风险开店开业教科书	978-7-5207-0164-8	88元
服务的细节097：餐饮创业实战3：人气旺店是这样做成的！	978-7-5207-0126-6	68元
服务的细节098：餐饮创业实战4：三个菜品就能打造一家旺店	978-7-5207-0165-5	68元
服务的细节099：餐饮创业实战5：做好"外卖"更赚钱	978-7-5207-0166-2	68元
服务的细节100：餐饮创业实战6：喜气的店客常来，快乐的人福必至	978-7-5207-0167-9	68元
服务的细节101：丽思卡尔顿酒店的不传之秘：超越服务的瞬间	978-7-5207-1543-0	58元
服务的细节102：丽思卡尔顿酒店的不传之秘：纽带诞生的瞬间	978-7-5207-1545-4	58元
服务的细节103：丽思卡尔顿酒店的不传之秘：抓住人心的服务实践手册	978-7-5207-1546-1	58元
服务的细节104：廉价王：我的"唐吉诃德"人生	978-7-5207-1704-5	68元
服务的细节105：7-ELEVEn一号店：生意兴隆的秘密	978-7-5207-1705-2	58元
服务的细节106：餐饮连锁如何快速扩张	978-7-5207-1870-7	58元
服务的细节107：不倒闭的餐饮店	978-7-5207-1868-4	58元
服务的细节108：不可战胜的夫妻店	978-7-5207-1869-1	68元
服务的细节109：餐饮旺店就是这样"设计"出来的	978-7-5207-2126-4	68元
服务的细节110：优秀餐饮店长的11堂必修课	978-7-5207-2369-5	58元

图字：01-2021-1236 号

Super market no Shinjoshiki
by Hitoshi Mizumoto
Copyright © 2008 Hitoshi Mizumoto
Simplified Chinese translation copyright © 2022 Oriental Press，
All rights reserved
Simplified Chinese translation rights arranged with Hitoshi Mizumoto.
through Hanhe International (HK) Co., Ltd.

中文简体字版专有权属东方出版社

图书在版编目（CIP）数据

超市新常识.1，有效的营销创新／（日）水元仁志 著；杨陈 译.—北京：东方出版社，2021.12
（服务的细节；111）
ISBN 978-7-5207-1841-7

Ⅰ.①超… Ⅱ.①水…②杨… Ⅲ.①超市—市场营销学 Ⅳ.①F717.6

中国版本图书馆 CIP 数据核字（2021）第 214481 号

服务的细节 111：超市新常识 1：有效的营销创新
（FUWU DE XIJIE 111：CHAOSHI XIN CHANGSHI 1：YOUXIAO DE YINGXIAO CHUANGXIN）

作　　者：	［日］水元仁志
译　　者：	杨　陈
责任编辑：	崔雁行　高琛倩
出　　版：	东方出版社
发　　行：	人民东方出版传媒有限公司
地　　址：	北京市西城区北三环中路 6 号
邮　　编：	100120
印　　刷：	北京文昌阁彩色印刷有限责任公司
版　　次：	2021 年 12 月第 1 版
印　　次：	2021 年 12 月第 1 次印刷
开　　本：	880 毫米×1230 毫米　1/32
印　　张：	8.5
字　　数：	155 千字
书　　号：	ISBN 978-7-5207-1841-7
定　　价：	58.00 元
发行电话：	(010) 85924663　85924644　85924641

版权所有，违者必究
如有印装质量问题，我社负责调换，请拨打电话：(010) 85924602　85924603